Findefix

Wörterbuch

für die Grundschule

mit lateinischer Ausgangsschrift

erarbeitet von

Sandra Duscher

Mascha Kleinschmidt-Bräutigam

Margret Kolbe

Dirk Menzel

Anja Wildemann

auf der Grundlage der Ausgabe von

Johann Fackelmann

Robert Müller

Klaus Patho

Susanne Patho

Oldenbourg

Impressum

Redaktion: Bea Herrmann
Illustration: Karsten Teich, Eva Muszynski
Umschlagkonzept: Mendell & Oberer, München
Umschlaggestaltung und Layoutkonzept: grundmanngestaltung, Karlsruhe
Layout und technische Umsetzung: grundmanngestaltung, Karlsruhe
und le-tex publishing services GmbH, Leipzig

www.cornelsen.de

Dieses Werk berücksichtigt die Regeln der reformierten Rechtschreibung und
Zeichensetzung. Ausnahmen bilden Originaltexte, bei denen lizenzrechtliche
Gründe einer Änderung entgegenstehen.

1. Auflage, 9. Druck 2022

Alle Drucke dieser Auflage sind inhaltlich unverändert
und können im Unterricht nebeneinander verwendet werden.

© 2012 Oldenbourg Schulbuchverlag GmbH, München
© 2017 Cornelsen Verlag GmbH, Berlin

Druck: Parzeller print & media GmbH & Co. KG, Fulda

ISBN 978-3-637-01333-9

PEFC zertifiziert
Dieses Produkt stammt aus nachhaltig
bewirtschafteten Wäldern und kontrollierten
Quellen.

www.pefc.de

PEFC/04-31-1308

Inhaltsverzeichnis

Benutzerhinweise zum Ersten Wörterverzeichnis

Am Rand jeder Seite befinden sich untereinander alle Buchstaben des ABCs. Du findest auf jeder Seite Stichwörter, die mit dem Buchstaben beginnen, der in dieser Leiste dick hervorgehoben ist.

Die Stichwörter stehen im Ersten Wörterverzeichnis in Druckschrift und in Schreibschrift.

In der Druckschrift stehen die Silben der Stichwörter abwechselnd in schwarzer und in blauer Schrift. So kannst du sehen, wo du ein Wort trennen kannst.

In der Schreibschrift stehen unter den Silben eines Stichwortes Silbenbögen.

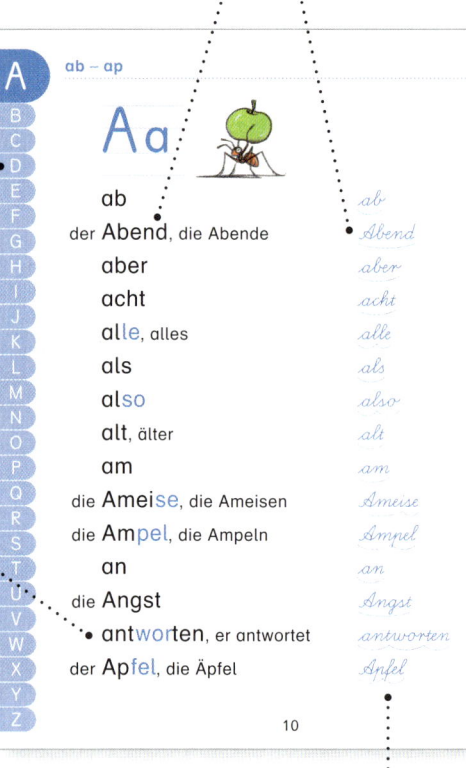

A	ab – ap

Aa

ab
der Abend, die Abende
aber
acht
alle, alles
als
also
alt, älter
am
die Ameise, die Ameisen
die Ampel, die Ampeln
an
die Angst
antworten, er antwortet
der Apfel, die Äpfel

10

Hier wird dir angegeben, mit welchen beiden Buchstaben das erste und das letzte Stichwort auf einer Seite beginnen.

Wenn du dir unsicher bist, in welchem Buchstaben du dich befindest, hilft dir auch dieses Bildchen weiter. Es zeigt dir immer ein Tier oder eine Figur mit einem Gegenstand, die mit dem gleichen Buchstaben beginnen wie die Stichwörter auf der Seite.

ap – au

A

der April · Anril

arbeiten, sie arbeitet •· · · · · · · arbeiten

der Arm, die Arme · · · · · · · · · · · · · Arm

der Ast, die Äste · · · · · · · · · · · · · · · Ast

auf · auf

die Aufgabe, die Aufgaben · · · · · Aufgabe

das Auge, die Augen •· · · · · · · · · · · Auge

der August · August

aus · aus

das Auto, die Autos · · · · · · · · · · · · · Auto

B
C
D
E
F
G
H
I
J
K
L
M
N
O
P
Q
R
S
T
U
V
W
X
Y
Z

Wenn es sich bei einem Stichwort um ein Verb handelt, ist hinter dem Infinitiv noch die 3. Person Singular angegeben.

Wenn es sich bei einem Stichwort um ein Nomen handelt, dann steht davor noch der bestimmte Artikel.

Bei einem Nomen sind immer der Singular und der Plural angegeben.

11

5

So lernst du das ABC

Das Wörterbuch hilft dir, schwierige Wörter richtig zu schreiben. Damit du ein Wort schnell finden kannst, sind die Wörter nach dem ABC geordnet. Du musst also zuerst das ABC kennen, dann kannst du schnell in einem Wörterbuch nachschlagen. Die folgenden Spiele und Übungen helfen dir, das ABC zu lernen, und zeigen dir, wie du ein Wort schnell finden kannst.

1. Lies das ABC und sprich die blauen Buchstaben lauter. Du kannst zu den blauen Buchstaben auch klatschen, klopfen oder mit den Fingern schnippen.

A	B	C	D
E	F	G	H
I	J	K	L
M	N	O	P

Q	R	S	T
U	V	W	
X	Y	Z	

2. Führe dein ABC mit Klatschen, Klopfen oder Fingerschnippen jemandem vor.

3. Starte bei einem der folgenden Buchstaben und sprich das ABC zu Ende.

H ..., G ..., Q ..., P ..., L ...,
U ..., E ..., S ..., J ..., C ...

4. Lies das ABC. Sprich die fehlenden Buchstaben mit.

A B ■ D E F ■ H I ■ K ■ M
N O ■ Q R ■ T ■ V W ■ Y Z

5. Schreibe für ein anderes Kind ein Lücken-ABC in großen oder kleinen Buchstaben.

6. Löse die beiden ABC-Rätsel.
Es hilft dir, wenn du einen
Teil des ABC dazu aufsagst:

 Ich bin das H.
Wer steht hinter mir?

 Ich bin das M.
Wer steht vor mir?

7. Stelle einem Freund oder
einer Freundin solche ABC-
Rätsel. Schreibe sie so auf:

 P   C   I

 X   T   F

8. Sicher schaffst du auch zwei
Buchstaben danach und zwei
davor.

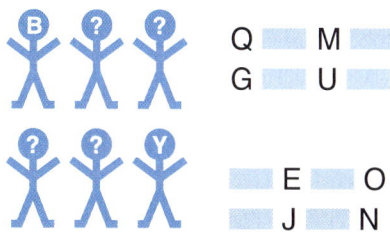 Q   M
G   U

E   O
J   N

9. Im Wörterbuch sind Wörter
nach dem ABC geordnet.
Dazu musst du auf den
1. Buchstaben achten.

Ordne die Namen nach dem
ABC, schreibe sie in der rich-
tigen Reihenfolge auf:

Linda · Emre · Julian · Tom
· Bahar · Igor · Anisa · Paula

Anisa, …

10. Schaue dich nun im Klassen-
zimmer oder deinem Kinder-
zimmer um und mache eine
ABC-Liste mit den Gegen-
ständen darin. Zu manchen
Buchstaben findest du wahr-
scheinlich nichts. Lasse ein-
fach eine Lücke. Du kannst
auch mehrere Dinge zu einem
Buchstaben schreiben.

A	Abfalleimer
B	Bücher
C	
D	
E	
…	

So lernst du im Wörterbuch nachschlagen

Schaue dir zuerst die Seiten 4 und 5 an. Dort wird erklärt, was du auf den Seiten im blauen Teil findest und wie die Zeichen und Bilder dir beim Suchen helfen.

1. Nimm das geschlossene Wörterbuch in die Hand. Blättere wie bei einem Daumenkino den blauen Teil durch. Der große Buchstabe am Rand zeigt an, mit welchem Buchstaben die Wörter auf dieser Seite beginnen.

2. Auf welcher Seite stehen Wörter, die mit einem O, G, V, R, I, U beginnen?

   Schreibe so auf:
   O → Seite 34, …

3. In einer Zoogeschichte musst du Tiernamen schreiben. Das Wörterbuch hilft dir, sie richtig zu schreiben. Suche die Namen dieser

Tiere und schreibe sie aus dem Findefix ab:

4. Wenn Wörter mit dem gleichen Buchstaben anfangen, hilft dir der zweite Buchstabe, das Wort zu finden. Suche das erste Wort im Findefix, das so anfängt. Schreibe auf.

   tr • En • st • Ne • wo • Ap • pf • Fe • zw

5. **Apfel • Ampel • Ast • Abend • Auto • Ananas • Arm • Alarm • Affe**

   Wörter, die mit dem gleichen Buchstaben anfangen, werden nach dem zweiten Buchstaben nach dem ABC geordnet.

A **a**
A **b** end
A **c**
A **d**
A **e**
A **f** fe
A **g**
A **h**

Schreibe die Liste zu Ende.
Ordne die Wörter oben
deiner Liste zu.

6. **Esel · Ente · Efeu · Elefant ·
Eber · Eis · Emu · Eule ·
Erde · Ecke**

Schreibe nun eine Liste für
diese E-Wörter. Schreibe
wieder wie in Aufgabe 5 und
achte auf den 2. Buchstaben.

7. Wochentage und Monatsna-
men musst du oft schreiben.
Suche sie im blauen Teil und
schreibe so:

Montag → Seite 31,
Dienstag → Seite …

Januar → Seite 26,
Februar → Seite …

8. Beim Schreiben über die
Ferien oder die Schule
brauchst du Wörter, die
erzählen, was jemand tut.
Schreibe Wörter auf, die
so anfangen.

**sp · fa · ba · re · fr · ge ·
ar · es · he · tu · ko · la**

9. Im blauen Teil stehen nicht
alle Wörter. Welche dieser
Wörter findest du dort nicht?
Schreibe sie auf.

**acht · Hai · immer · malen ·
kaputt · Schwester · Name ·
Zimmer · Klasse · fragen ·
schleudern**

10. Den Plural von Nomen findest
du hinter dem Singular. Suche
diese Wörter im blauen Teil:

**Männer · Wege · Gärten ·
Autos · Vögel · Schuhe ·
Nächte · Zwiebeln · Häuser**

Schreibe so:
die Männer → der Mann,
Seite 30, …

Aa

ab	*ab*
der **Abend**, die Abende	*Abend*
aber	*aber*
acht	*acht*
alle, alles	*alle*
als	*als*
also	*also*
alt, älter	*alt*
am	*am*
die **Ameise**, die Ameisen	*Ameise*
die **Ampel**, die Ampeln	*Ampel*
an	*an*
die **Angst**	*Angst*
antworten, er antwortet	*antworten*
der **Apfel**, die Äpfel	*Apfel*

der **April**

   ar**bei**ten, sie arbeitet

der **Arm**, die Arme

der **Ast**, die Äste

   auf

die **Auf**ga**be**, die Aufgaben

das **Au**ge, die Augen

der **Au**gust

   aus

das **Au**to, die Autos

April

arbeiten

Arm

Ast

auf

Aufgabe

Auge

August

aus

Auto

Bb

das **Baby**, die Babys — *Baby*

baden, er badet — *baden*

der **Ball**, die Bälle — *Ball*

die **Banane**, die Bananen — *Banane*

die **Bank**, die Bänke — *Bank*

der **Bär**, die Bären — *Bär*

der **Bauch**, die Bäuche — *Bauch*

bauen, sie baut — *bauen*

der **Baum**, die Bäume — *Baum*

bei — *bei*

das **Bein**, die Beine — *Bein*

beißen, sie beißt — *beißen*

bewegen, er bewegt — *bewegen*

bezahlen, sie bezahlt — *bezahlen*

die **Biene**, die Bienen — *Biene*

das **Bild**, die Bilder — *Bild*

bin — *bin*

die **Birne**, die Birnen — *Birne*

bis — *bis*

bist — *bist*

bitten, er bittet — *bitten*

das **Blatt**, die Blätter — *Blatt*

blau — *blau*

bleiben, sie bleibt — *bleiben*

blühen, es blüht — *blühen*

die **Blume**, die Blumen — *Blume*

die **Blüte**, die Blüten — *Blüte*

der **Boden**, die Böden — *Boden*

böse — *böse*

braun — *braun*

der **Brief**, die Briefe — *Brief*

bringen, er bringt — *bringen*

A B C D E F G H I J K L M N O P Q R S T U V W X Y Z

das **Brot**, die Brote   *Brot*

das **Bröt**chen, die Brötchen   *Brötchen*

der **Bru**der, die Brüder   *Bruder*

das **Buch**, die Bücher   *Buch*

bunt   *bunt*

der **Busch**, die Büsche   *Busch*

Cc

der **Cent**, die Cents   *Cent*

der **Christ**baum,   *Christbaum*

     die Christbäume

das **Christ**kind   *Christkind*

der **Clown**, die Clowns   *Clown*

der **Com**pu**ter**, die Computer   *Computer*

Dd

da	*da*
dan**ken**, er dankt	*danken*
dann	*dann*
das	*das*
dass	*dass*
de**in**, deine, deiner	*dein*
dem	*dem*
den	*den*
den**ken**, sie denkt	*denken*
denn	*denn*
der	*der*
des	*des*
der De**zem**ber	*Dezember*
dich	*dich*
die	*die*

der **Dienstag** — _Dienstag_

diese, dieser, dieses — _diese_

der **Dinosaurier**, — _Dinosaurier_

die Dinosaurier

dir — _dir_

doch — _doch_

der **Donnerstag** — _Donnerstag_

drei — _drei_

du — _du_

dunkel — _dunkel_

durch — _durch_

der **Durst** — _Durst_

die **Dusche**, die Duschen — _Dusche_

E e

das **Ei**, die Eier — *Ei*

ein, eine, einer — *ein*

eins — *eins*

das **Eis** — *Eis*

der **Elefant**, die Elefanten — *Elefant*

elf — *elf*

die **Eltern** — *Eltern*

das **Ende** — *Ende*

eng — *eng*

die **Ente**, die Enten — *Ente*

er — *er*

die **Erde** — *Erde*

erzählen, er erzählt — *erzählen*

es — *es*

essen, sie isst — *essen*

euch

eu**e**r, eure

die **Eu**l**e**, die Eulen

der **Eu**r**o**, die Euros

euch

euer

Eule

Euro

F f

fahren, er fährt — *fahren*

fallen, er fällt — *fallen*

die Familie, die Familien — *Familie*

fangen, sie fängt — *fangen*

der Februar — *Februar*

fein — *fein*

das Feld, die Felder — *Feld*

das Fenster, die Fenster — *Fenster*

die Ferien — *Ferien*

finden, er findet — *finden*

der Finger, die Finger — *Finger*

fliegen, sie fliegt — *fliegen*

der Flügel, die Flügel — *Flügel*

flüssig — *flüssig*

fragen, er fragt — *fragen*

die **Frau**, die Frauen — *Frau*

der **Freitag** — *Freitag*

fremd — *fremd*

fressen, es frisst — *fressen*

die **Freude** — *Freude*

sich **freuen**, sie freut sich — *freuen*

der **Freund**, die Freunde — *Freund*

die **Freundin**, die Freundinnen — *Freundin*

frisch — *frisch*

die **Frucht**, die Früchte — *Frucht*

der **Frühling** — *Frühling*

der **Fuchs**, die Füchse — *Fuchs*

füllen, er füllt — *füllen*

der **Füller**, die Füller — *Füller*

fünf — *fünf*

für — *für*

der **Fuß**, die Füße — *Fuß*

21

Gg

ganz, ganze, ganzer	*ganz*
der **Garten**, die Gärten	*Garten*
geben, er gibt	*geben*
gehen, sie geht	*gehen*
gelb	*gelb*
das **Geld**	*Geld*
das **Gemüse**	*Gemüse*
das **Gesicht**, die Gesichter	*Gesicht*
gestern	*gestern*
gesund	*gesund*
die **Giraffe**, die Giraffen	*Giraffe*
das **Gras**, die Gräser	*Gras*
groß, größer	*groß*
grün	*grün*
gut	*gut*

Hh

das **Haar**, die Haare — *Haar*

haben, er hat — *haben*

der **Hals** — *Hals*

halten, sie hält — *halten*

die **Hand**, die Hände — *Hand*

hart, härter — *hart*

der **Ha**se, die Hasen — *Hase*

das **Haus**, die Häuser — *Haus*

die **Haut**, die Häute — *Haut*

die **He**cke, die Hecken — *Hecke*

heiß — *heiß*

heißen, er heißt — *heißen*

helfen, sie hilft — *helfen*

hell — *hell*

das **Hemd**, die Hemden — *Hemd*

her — *her*

der **Herbst** — *Herbst*

der **Herr**, die Herren — *Herr*

heute — *heute*

die **He**x**e**, die Hexen — *Hexe*

hier — *hier*

die **Hil**fe — *Hilfe*

der **Him**mel — *Himmel*

hin — *hin*

hinter — *hinter*

hören, er hört — *hören*

der **Hort** — *Hort*

die **Ho**se, die Hosen — *Hose*

das **Huhn**, die Hühner — *Huhn*

der **Hund**, die Hunde — *Hund*

hundert — *hundert*

der **Hun**ger — *Hunger*

I i

ich   *ich*

der **Igel**, die Igel   *Igel*

ihm   *ihm*

ihn, ihnen   *ihn*

ihr, ihre   *ihr*

im   *im*

immer   *immer*

in   *in*

der **Indianer**, die Indianer   *Indianer*

ins   *ins*

ist   *ist*

Jj

ja   *ja*

das **Jahr**, die Jahre   *Jahr*

der **Jaguar**, die Jaguare   *Jaguar*

der **Januar**   *Januar*

jede, jeder, jedes   *jede*

jemand   *jemand*

jetzt   *jetzt*

das **Jo-Jo**, die Jo-Jos   *Jo-Jo*

der **Juli**   *Juli*

jung, jünger   *jung*

der **Junge**, die Jungen   *Junge*

der **Juni**   *Juni*

K k

der **Kä**fer, die Käfer — *Käfer*

der **Ka**len**der**, die Kalender — *Kalender*

kalt, kälter — *kalt*

die **Käl**te — *Kälte*

die **Kar**tof**fel**, die Kartoffeln — *Kartoffel*

die **Kat**ze, die Katzen — *Katze*

kaufen, sie kauft — *kaufen*

kein, keine, keiner — *kein*

das **Kind**, die Kinder — *Kind*

die **Klas**se, die Klassen — *Klasse*

das **Kleid**, die Kleider — *Kleid*

klein — *klein*

kochen, er kocht — *kochen*

der **Kof**fer, die Koffer — *Koffer*

kommen, sie kommt — *kommen*

27

können, er kann   *können*

der **Kopf**, die Köpfe   *Kopf*

der **Kör**per, die Körper   *Körper*

kosten, es kostet   *kosten*

krank   *krank*

das **Kraut**, die Kräuter   *Kraut*

die **Kuh**, die Kühe   *Kuh*

L l

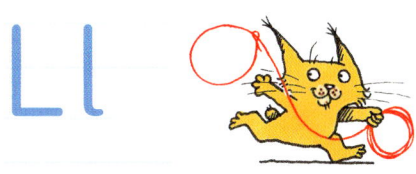

laufen, er läuft — *laufen*

laut — *laut*

leben, sie lebt — *leben*

legen, er legt — *legen*

leicht — *leicht*

leise — *leise*

lernen, sie lernt — *lernen*

lesen, er liest — *lesen*

die Leute — *Leute*

das Lexikon — *Lexikon*

das Licht, die Lichter — *Licht*

lieb — *lieb*

lieben, sie liebt — *lieben*

liegen, er liegt — *liegen*

der Luchs, die Luchse — *Luchs*

A B C D E F G H I J K **L** M N O P Q R S T U V W X Y Z

Mm

machen, er macht — *machen*

das Mädchen, die Mädchen — *Mädchen*

der Mai — *Mai*

malen, sie malt — *malen*

man — *man*

der Mann, die Männer — *Mann*

der März — *März*

die Maus, die Mäuse — *Maus*

mein, meine, meiner — *mein*

mich — *mich*

die Minute, die Minuten — *Minute*

mir — *mir*

mit — *mit*

der Mittwoch — *Mittwoch*

der Monat, die Monate — *Monat*

der **Mond**   *Mond*

der **Mon**tag   *Montag*

morgen   *morgen*

der **Mund**, die Münder   *Mund*

müssen, er muss   *müssen*

die **Mut**ter, die Mütter   *Mutter*

A
B
C
D
E
F
G
H
I
J
K
L
M
N
O
P
Q
R
S
T
U
V
W
X
Y
Z

Nn

nach — *nach*

die **Nacht**, die Nächte — *Nacht*

der **Name**, die Namen — *Name*

die **Nase**, die Nasen — *Nase*

das **Nashorn**, die Nashörner — *Nashorn*

nass — *nass*

der **Nebel** — *Nebel*

nehmen, sie nimmt — *nehmen*

nein — *nein*

das **Nest**, die Nester — *Nest*

neu — *neu*

neun — *neun*

neunzig — *neunzig*

nicht — *nicht*

nichts — *nichts*

nie   *nie*

der November   *November*

nun   *nun*

nur   *nur*

Oo

ob

oben

das Obst

oder

offen

oft

das Ohr, die Ohren

der Oktober

die Oma, die Omas

der Onkel, die Onkel

der Opa, die Opas

der Osterhase, die Osterhasen

Ostern

Pp

das **Papier**, die Papiere   *Papier*

die **Pause**, die Pausen   *Pause*

das **Pferd**, die Pferde   *Pferd*

die **Pflanze**, die Pflanzen   *Pflanze*

pflanzen, er pflanzt   *pflanzen*

pflegen, sie pflegt   *pflegen*

der **Pirat**, die Piraten   *Pirat*

die **Pizza**, die Pizzas   *Pizza*

der **Platz**, die Plätze   *Platz*

die **Pommes**   *Pommes*

der **Preis**, die Preise   *Preis*

der **Punkt**, die Punkte   *Punkt*

die **Puppe**, die Puppen   *Puppe*

A B C D E F G H I J K L M N O **P** Q R S T U V W X Y Z

Qu qu

das **Quadrat**, die Quadrate   *Quadrat*

    quaken, er quakt   *quaken*

die **Qualle**, die Quallen   *Qualle*

der **Quark**   *Quark*

    quer   *quer*

Rr

das **Rad**, die Räder — *Rad*

die **Raupe**, die Raupen — *Raupe*

rechnen, sie rechnet — *rechnen*

reden, er redet — *reden*

der **Regen** — *Regen*

reich — *reich*

reisen, sie reist — *reisen*

rennen, er rennt — *rennen*

richtig — *richtig*

der **Ritter**, die Ritter — *Ritter*

der **Rock**, die Röcke — *Rock*

rollen, er rollt — *rollen*

rot — *rot*

der **Rücken**, die Rücken — *Rücken*

rufen, sie ruft — *rufen*

A B C D E F G H I J K L M N O P Q **R** S T U V W X Y Z

S s

der **Saft**, die Säfte — *Saft*

sagen, er sagt — *sagen*

das **Salz** — *Salz*

der **Sams**tag — *Samstag*

der **Sand** — *Sand*

sandig — *sandig*

der **Satz**, die Sätze — *Satz*

schauen, sie schaut — *schauen*

scheinen, es scheint — *scheinen*

die **Sche**re, die Scheren — *Schere*

schlafen, er schläft — *schlafen*

schlagen, sie schlägt — *schlagen*

der **Schmet**terling, — *Schmetterling*

die Schmetterlinge

der **Schnee** — *Schnee*

schnei**den**, er schneidet   *schneiden*

schnell   *schnell*

schon   *schon*

schön   *schön*

schrei**ben**, sie schreibt   *schreiben*

schrei**en**, er schreit   *schreien*

der Schuh, die Schuhe   *Schuh*

die Schu**le**, die Schulen   *Schule*

schwarz   *schwarz*

das Schwein, die Schweine   *Schwein*

die Schwes**ter**, die Schwestern   *Schwester*

sechs   *sechs*

se**hen**, sie sieht   *sehen*

sehr   *sehr*

die Sei**fe**, die Seifen   *Seife*

sein   *sein*

sein, seine, seiner   *sein*

seit — *seit*

die **Se**ku**n**de, die Sekunden — *Sekunde*

der **Sep**tem**ber** — *September*

sich — *sich*

sie — *sie*

sieben — *sieben*

sind — *sind*

singen, er singt — *singen*

sitzen, sie sitzt — *sitzen*

so — *so*

das **So**fa, die Sofas — *Sofa*

der **Sohn**, die Söhne — *Sohn*

sollen, er soll — *sollen*

der **Som**mer — *Sommer*

die **Son**ne — *Sonne*

der **Son**ntag — *Sonntag*

die **Spa**ghetti — *Spaghetti*

spa**ren**, sie spart   *sparen*

spie**len**, er spielt   *spielen*

der Sport   *Sport*

der Stän**gel**, die Stängel   *Stängel*

ste**hen**, sie steht   *stehen*

stel**len**, er stellt   *stellen*

der Stift, die Stifte   *Stift*

still   *still*

die Stirn   *Stirn*

der Strauch, die Sträucher   *Strauch*

die Stun**de**, die Stunden   *Stunde*

su**chen**, sie sucht   *suchen*

A B C D E F G H I J K L M N O P Q R S T U V W X Y Z

41

T t

der **Tag**, die Tage — *Tag*

die **Tante**, die Tanten — *Tante*

die **Tasche**, die Taschen — *Tasche*

der **Teddy**, die Teddys — *Teddy*

der **Tee** — *Tee*

das **Telefon**, die Telefone — *Telefon*

der **Teller**, die Teller — *Teller*

die **Temperatur**, — *Temperatur*

die Temperaturen

teuer — *teuer*

das **Thermometer**, — *Thermometer*

die Thermometer

das **Tier**, die Tiere — *Tier*

der **Tiger**, die Tiger — *Tiger*

die **Tochter**, die Töchter — *Tochter*

die **Toma**te, die Tomaten   *Tomate*

    tragen, sie trägt   *tragen*

    trinken, er trinkt   *trinken*

die **Trom**mel, die Trommeln   *Trommel*

    turnen, sie turnt   *turnen*

Uu

üben, er übt   *üben*

über   *über*

die Übung, die Übungen   *Übung*

die Uhr, die Uhren   *Uhr*

der Uhu, die Uhus   *Uhu*

um   *um*

und   *und*

der Unfall, die Unfälle   *Unfall*

uns   *uns*

unser, unsere   *unser*

unten   *unten*

unter   *unter*

Vv

der **Vam**pir, die Vampire — *Vampir*

der **Va**ter, die Väter — *Vater*

vergessen, sie vergisst — *vergessen*

der **Ver**kehr — *Verkehr*

verlieren, er verliert — *verlieren*

versuchen, sie versucht — *versuchen*

viel — *viel*

vier — *vier*

der **Vo**gel, die Vögel — *Vogel*

voll — *voll*

vom — *vom*

von — *von*

vor — *vor*

vorbei — *vorbei*

vorher — *vorher*

A B C D E F G H I J K L M N O P Q R S T U **V** W X Y Z

Ww

die **Waage**, die Waagen   *Waage*

wachsen   *wachsen*

der **Wal**, die Wale   *Wal*

wann   *wann*

warm, wärmer   *warm*

die **Wärme**   *Wärme*

warten, sie wartet   *warten*

warum   *warum*

was   *was*

waschen, er wäscht   *waschen*

das **Wasser**   *Wasser*

der **Weg**, die Wege   *Weg*

Weihnachten   *Weihnachten*

weil   *weil*

weiß   *weiß*

weit — *weit*

wei**ter** — *weiter*

wel**che**, welcher, welches — *welche*

wem — *wem*

wen — *wen*

we**nig** — *wenig*

wenn — *wenn*

wer — *wer*

wer**den**, sie wird — *werden*

das **Wet**ter — *Wetter*

wie — *wie*

wie**der** — *wieder*

die **Wie**se, die Wiesen — *Wiese*

der **Wind**, die Winde — *Wind*

der **Win**ter — *Winter*

wir — *wir*

wo — *wo*

die **Wo**ch**e**, die Wochen   *Woche*

wohnen, er wohnt   *wohnen*

wollen, sie will   *wollen*

das **Wort**, die Wörter   *Wort*

wünschen, er wünscht   *wünschen*

der **Wurm**, die Würmer   *Wurm*

die **Wur**zel, die Wurzeln   *Wurzel*

X x

Xaver

das **Xylofon**, die Xylofone

Xaver

Xylofon

Y y

die **Yacht**, die Yachten

der **Yak**, die Yaks

Ypsilon

Yacht

Yak

Ypsilon

Z z

die **Zahl**, die Zahlen — *Zahl*

zahlen, er zahlt — *zahlen*

zählen, sie zählt — *zählen*

der **Zahn**, die Zähne — *Zahn*

das **Zeb**ra, die Zebras — *Zebra*

die **Ze**he, die Zehen — *Zehe*

zehn — *zehn*

zeigen, er zeigt — *zeigen*

die **Zeit**, die Zeiten — *Zeit*

die **Zei**tung, die Zeitungen — *Zeitung*

das **Zim**mer, die Zimmer — *Zimmer*

der **Zoo**, die Zoos — *Zoo*

zu — *zu*

der **Zu**cker — *Zucker*

zum — *zum*

zur

zusammen

zwei

die **Zwiebel**, die Zwiebeln

zwölf

Benutzerhinweise zum Zweiten Wörterverzeichnis

Am Rand jeder Seite befinden sich untereinander alle Buchstaben des ABCs. Du findest auf jeder Seite Stichwörter, die mit dem Buchstaben beginnen, der in dieser Leiste dick hervorgehoben ist.

Wenn bei einem Wort unterschiedliche Schreibweisen möglich sind, werden beide aufgeführt.

Bei einer Abkürzung wird dahinter angegeben, wofür sie steht.

Bei regelmäßigen Verben ist hinter dem Infinitiv noch die 2. Person Singular angegeben.

Unregelmäßige Verbformen findest du als eigenes Stichwort. Dahinter ist der Infinitiv des Verbs angegeben.

Bei zwei gleich klingenden Wörtern mit unterschiedlicher Bedeutung steht in Klammern dahinter, was sie bedeuten.

m – ma

● m (Meter)
● ma|chen, du machst
die Macht, die Mäch|te
    mäch|tig
das Mäd|chen, die Mäd|chen
die Ma|de, die Ma|den
der Ma|gen,
    die Mä|gen – Ma|gen
    ma|ger
die Ma|gie
der Mag|net,
    die Mag|ne|te – Mag|ne|ten
    mag|ne|tisch
● du magst ◁ mögen
    mä|hen, du mähst
● mah|len (z.B. Mehl mahlen),
    du mahlst
die Mahl|zeit, die Mahl|zei|ten
die Mäh|ne, die Mäh|nen
    mah|nen, du mahnst
die Mah|nung, die Mah|nun|gen
der Mai
die Mail|box, die Mail|bo|xen
    mai|len, du mailst

der Main
der Mais ❽
die Ma|jes|tät, die Ma|jes|tä|te
die Ma|jo|nä|se – Ma|yon|nais
das Make-up, die Make-ups
die Mak|ka|ro|ni
das Mal, die Ma|le
    mal
    ma|len (z.B. Bild malen),
    du malst
    Mal|ta
die Ma|ma, die Ma|mas
das Mam|mut,
    die Mam|mu|te – Mam|muts
    man
der Ma|na|ger, die Ma|na|ger
die Ma|na|ge|rin,
    die Ma|na|ge|rin|nen
    man|che
    man|cher
    man|ches
    manch|mal
das Man|da|la, die Man|da|las
die Man|da|ri|ne,
    die Man|da|ri|nen ❶
die Man|del, die Man|deln
die Ma|ne|ge, die Ma|ne|gen
der Manga – das Man|ga,
    die Man|gas

134

Wenn du dir unsicher bist, in welchem Buchstaben du dich befindest, hilft dir auch dieses Bildchen weiter. Es zeigt dir immer ein Tier oder eine Figur mit einem Gegenstand, die mit dem gleichen Buchstaben beginnen wie die Stichwörter auf der Seite.

Hier wird dir angegeben mit welchen beiden Buchstaben das erste und das letzte Stichwort auf einer Seite beginnen.

Wenn es sich bei einem Stichwort um ein Nomen handelt, dann steht davor der bestimmte Artikel.

Bei einem Nomen sind immer der Singular und der Plural angegeben.

Die Nummer in der roten Kugel verweist auf den passenden Tipp auf den Seiten 204 – 227, mit dessen Hilfe du dir gut merken kannst, wie man das Wort schreibst.

Dieser senkrechte Strich zeigt dir an, wo du ein Wort trennen kannst.

---

ma – ma

der Man|gel, die Män|gel
man|gel|haft
der Mann, die Män|ner
männ|lich
die Mann|schaft,
die Mann|schaf|ten
der Man|tel, die Män|tel
die Map|pe, die Map|pen
der Ma|ra|thon, die Ma|ra|thons
das Mär|chen, die Mär|chen
der Mar|der, die Mar|der
die Mar|ga|ri|ne
die Mar|ge|ri|te,
die Mar|ge|ri|ten
Ma|riä Him|mel|fahrt
die Ma|rio|net|te,
die Ma|rio|net|ten
die Mar|ke, die Mar|ken
mar|kie|ren, du markierst
der Markt, die Märk|te
die Mar|me|la|de,
die Mar|me|la|den
der Mars
der Marsch, die Mär|sche
mar|schie|ren,
du marschierst
der März
das Mar|zi|pan
die Ma|sche, die Ma|schen

die Ma|schi|ne, die Ma|schi|nen
die Ma|sern
die Mas|ke, die Mas|ken ●
sich mas|kie|ren,
du maskierst dich
das Mas|kott|chen,
die Mas|kott|chen ●
das Maß, die Ma|ße
sie maß ◁ messen
die Mas|sa|ge, die Mas|sa|gen
die Mas|se, die Mas|sen
mas|sie|ren, du massierst
mä|ßig
mas|siv
die Maß|nah|me,
die Maß|nah|men
der Maß|stab, die Maß|stä|be ❹ ●
der Mast, die Mas|ten – Mas|te
mäs|ten, du mästest
das Match, die Matchs –
Mat|che – Mat|ches
das Ma|te|ri|al,
die Ma|te|ri|a|li|en
die Ma|the|ma|tik ❷
ma|the|ma|tisch
die Mat|rat|ze, die Mat|rat|zen
der Mat|ro|se, die Mat|ro|sen
die Mat|ro|sin,
die Mat|ro|sin|nen

135

A B C D E F G H I J K L **M** N O P Q R S T U V W X Y Z

55

So lernst du schnell und sicher nachschlagen

Schaue dir zuerst die Seiten 54 und 55 an. Dort wird erklärt, was du auf den Seiten im roten Teil findest, und wie die Zeichen und Bilder dir beim Suchen helfen.

1. Wenn der erste Buchstabe gleich ist, musst du auf den zweiten Buchstaben achten. Wenn der auch gleich ist, musst du auf den dritten Buchstaben schauen, …

   das Sofa • die Soße • der Sohn • die Socke • der Sommer • die Sonne • der Soldat • die Sorge

   So **a**

   So **b**

   So **c** ke

   So **d**

   So **e**

   So **f** a

   So **g**

   So **h** n

   …

   Schreibe zuerst die Liste zu Ende. Ordne dann die Wörter von oben deiner Liste zu.

2. Ordne die Wörter so, wie sie im Findefix hintereinander stehen und schreibe sie auf: kalt, das …

   kalt • der Krebs • klirren • das Kamel • kehren • komisch • kurz • die Klingen • der Kapitän • keine • kichern • kaputt • die Kreide • der Kies • die Kiste • die Kante • kommen • klatschen

3. Achtung: **ä** ist wie **a** eingeordnet, **ö** wie **o**, **ü** wie **u** und **äu** wie **au**.

Denke dir die Pünktchen einfach weg.

   Ordne nach dem ABC und schreibe auf: älter, die …

   älter • das Kleid • bringen • trödeln • hauen • der Betrug • der Käfer • der Körper • fort • backen • häufig • läuten • der Monteur • die Ärztin • betrübt • die Laus • die Bäckerei • böse • die Trommel

4. Suche folgende Wörter im roten Wörterverzeichnis und schreibe so auf: der Bär, Seite 69, …

der Bär • während • schmecken • der Fluss • treffen • beißen • viel • grüßen • die Vorfahrt • das Handy • sehr • häufig • der Pilz • wählen • die Ärztin • jung • wieder • das Ziel • kräftig

5. Wörter wie abgeben, hinfallen, weglaufen, verschieben oder vormachen findest du so nicht im Wörterbuch.

Sie bestehen aus einer Vorsilbe (ab hin weg ver vor) und einem Wort, das alleine im Wörterbuch steht (fallen, laufen, schieben, …).

Schreibe die folgenden Wörter mithilfe des Wörterbuchs vollständig auf:

able ▬ en

hinste ▬ en

wegr ▬ men

verl ▬ ben

vorse ▬ en

6. In deinem Findefix stehen die Pluralformen immer hinter den Singularformen. Suche die folgenden Pluralformen im Findefix.

die Pläne • die Ecken • die Hämmer • die Streifen • die Sümpfe • die Partys • die Türme

Schreibe so:
die Pläne, der Plan → Seite 148, …

7. Schlage diese zusammengesetzten Wörter im Findefix getrennt nach:

der Zirkusclown • die Tierärztin • der Fußballplatz • das Vogelnest • die Ritterrüstung • die Tischdecke • der Startschuss • das Marionettentheater

Schreibe so:

der Apfelsaft
der Apfel → Seite 64,
der Saft → Seite 159, …

Apfelsaft? der Apfel und der Saft

57

Tipps fürs Nachschlagen

Wenn du ein Wort im Findefix nicht findest, kann es sein, dass man es anders schreibt, als du meinst. Das kann mehrere Gründe haben.

Diese Buchstaben können gleich klingen:

ä und **e**	**b** und **p**	**c** und **z**	**g** und **k**
d und **t**	**f** und **v**	**c** und **k**	**v** und **w**

Auch Buchstabengruppen können gleich klingen:

ap und **ab**	**at** und **ad**	**f** und **ph**
k und **ch**	**äu** und **eu**	**f** und **pf**

Wenn ich **schp** höre, schlage ich bei **sp** nach.

Wenn ich **scht** höre, schlage ich bei **st** nach.

sch und **sp**
sch und **st**

Englische Wörter

> Wörter aus anderen Sprachen werden häufig anders gesprochen als geschrieben.

ä
: die **A**ction
: der **A**irbag

au
: **ou**t

dsch
: die **J**eans **j**oggen
: der **J**ob der **J**oker

gä
: der **Ga**g
: der **Ga**ngster

hä
: **ha**ppy

mä
: das **Ma**tch

fä
: **fa**ir
: der **Fa**n

pu
: der **Poo**l

lai
: die **Li**vesendung

tsch
: der **Ch**ampion
: der **Ch**ip
: **ch**ecken

sch
: der **Sh**eriff die **Sh**orts
: das **Sh**irt die **Sh**ow

sä
: das **Sa**ndwich

Französische Wörter

> Manchmal liegt es auch an den Regeln für das richtige Schreiben, dass man ein Wort anders schreibt, als du meinst. Tipps dazu findest du auf den Seiten 204 bis 227.

sch
: der **Ch**ampignon sich **g**enieren
: die **Ch**ance die **J**alousie
: der **Ch**ef **j**onglieren
: das **G**elee der **J**ournalist

59

der **Aal**, die Aa|le ❽
das **Aas**, die Aa|se
 ab
 ab|bie|gen, du biegst ab,
 sie bog ab ❷
das **ABC** – Abc
der **Abend**, die Aben|de ❻
 abends
das **Aben|teu|er**,
 die Aben|teu|er
 aben|teu|er|lich
 aber
der **Aber|glau|be**
 aber|gläu|bisch ❹
 ab|fah|ren, du fährst ab,
 er fuhr ab
die **Ab|fahrt**, die Ab|fahr|ten
der **Ab|fall**, die Ab|fäl|le ❺
der **Ab|ge|ord|ne|te**,
 die Ab|ge|ord|ne|ten
die **Ab|ge|ord|ne|te**,
 die Ab|ge|ord|ne|ten
der **Ab|grund**, die Ab|grün|de
 ab|hän|gig

sich **ab|här|ten**,
 du härtest dich ab
 ab|ho|len, du holst ab
das **Abi|tur**
 ab|kür|zen, du kürzt ab
die **Ab|kür|zung**,
 die Ab|kür|zun|gen ❼
 ab|leh|nen, du lehnst ab
 ab|neh|men, du nimmst ab,
 sie nahm ab
 abon|nie|ren, du abonnierst
der **Ab|satz**, die Ab|sät|ze
 ab|scheu|lich
der **Ab|schied**, die Ab|schie|de
 ab|schlie|ßen, du schließt
 ab, er schloss ab
 ab|schnei|den,
 du schneidest ab,
 sie schnitt ab
der **Ab|schnitt**, die Ab|schnit|te
 ab|seits
der **Ab|sen|der**, die Ab|sen|der
die **Ab|sicht**, die Ab|sich|ten
 ab|sicht|lich ❸
 ab|so|lut
der **Ab|stand**, die Ab|stän|de ❻
 ab|stim|men, du stimmst ab
 ab|stür|zen, du stürzt ab
das **Ab|teil**, die Ab|tei|le

die **Ab|tei|lung**,
  die Ab|tei|lun|gen
  ab|wärts
sich **ab|wech|seln**,
  sie wechseln sich ab
  ab|wech|selnd
  ab|we|send
  ab|zie|hen, du ziehst ab,
  sie zog ab
die **Ab|zwei|gung**,
  die Ab|zwei|gun|gen ❼
  ach
die **Ach|se**, die Ach|sen
die **Ach|sel**, die Ach|seln
  acht
  acht|mal
  ach|ten, du achtest
  acht|ge|ben – Acht
  geben, du gibst
  acht – du gibst Acht,
  er gab acht – er gab Acht
die **Ach|tung**
  acht|zig
  äch|zen, du ächzt
der **Acker**, die Äcker ❹
die **Ac|tion**
  ad|die|ren, du addierst
die **Ad|di|ti|on**, die Ad|di|tio|nen
  ade

die **Ader**, die Adern
das **Ad|jek|tiv**, die Ad|jek|ti|ve
der **Ad|ler**, die Ad|ler
  adop|tie|ren, du adoptierst
die **Ad|res|se**, die Ad|res|sen
der **Ad|vent**
der **Af|fe**, die Af|fen
  Af|ri|ka
  ag|gres|siv
  aha
  ah|nen, du ahnst
  ähn|lich
die **Ähn|lich|keit**,
  die Ähn|lich|kei|ten ❸
die **Ah|nung**, die Ah|nun|gen
  ahoi
der **Ahorn**, die Ahor|ne
die **Äh|re**, die Äh|ren
das **Aids**
das **Ak|kor|de|on**,
  die Ak|kor|de|ons
der **Ak|ku**, die Ak|kus
der **Ak|ku|sa|tiv**
der **Ak|ro|bat**, die Ak|ro|ba|ten
die **Ak|ro|ba|tin**,
  die Ak|ro|ba|tin|nen
die **Ak|te**, die Ak|ten
die **Ak|ti|on**, die Ak|tio|nen
  ak|tiv

ak|tu|ell
ak|zep|tie|ren,
du akzeptierst
der **Alarm**, die Alar|me
alar|mie|ren, du alarmierst
Al|ba|ni|en
al|bern
der **Alb|traum** – Alp|traum,
die Alb|träu|me –
Alp|träu|me
das **Al|bum**, die Al|ben
der **Al|ko|hol**
das **All**
Al|lah
al|le ❷
die **Al|lee**, die Al|le|en
al|lein
al|ler|dings
die **Al|ler|gie**, die Al|ler|gi|en
al|ler|hand
Al|ler|hei|li|gen
al|les
all|ge|mein
all|mäh|lich
der **All|tag** ❺
die **Alm**, die Al|men
die **Al|pen**
das **Al|pha|bet**,
die Al|pha|be|te ❽

al|pha|be|tisch
der **Alp|traum** – Alb|traum,
die Alp|träu|me –
Alb|träu|me
als
al|so
alt, älter, am ältesten
der **Al|tar**, die Al|tä|re
das **Al|ter**
äl|ter, am ältesten ◁ alt
al|ter|na|tiv
die **Al|ter|na|ti|ve**,
die Al|ter|na|ti|ven
die **Alu|fo|lie**, die Alu|fo|li|en
das **Alu|mi|ni|um**
am
der **Ama|teur**, die Ama|teu|re
die **Ama|teu|rin**,
die Ama|teu|rin|nen
die **Amei|se**, die Amei|sen
amen
Ame|ri|ka ❶
die **Am|pel**, die Am|peln
die **Am|sel**, die Am|seln
das **Amt**, die Äm|ter
sich **amü|sie|ren**,
du amüsierst dich
an
die **Ana|nas**, die Ana|nas|se

an|bie|ten, du bietest an,
sie bot an ❷
der An|blick, die An|bli|cke
an|däch|tig
das An|den|ken, die An|den|ken
an|de|re
än|dern, du änderst
an|ders
an|ders|he|rum –
an|ders|rum
An|dor|ra
an|ei|nan|der
der An|fall, die An|fäl|le
der An|fang, die An|fän|ge
an|fan|gen, du fängst an,
er fing an
an|fangs
an|fas|sen, du fasst an
das An|füh|rungs|zei|chen,
die An|füh|rungs|zei|chen
an|ge|ben, du gibst an,
sie gab an
an|geb|lich
das An|ge|bot, die An|ge|bo|te
die An|gel, die An|geln
an|geln, du angelst
an|ge|nehm
der An|ge|stell|te,
die An|ge|stell|ten

die An|ge|stell|te,
die An|ge|stell|ten
sich an|ge|wöh|nen,
du gewöhnst dir an
die An|ge|wohn|heit,
die An|ge|wohn|hei|ten ❼
an|grei|fen, du greifst an,
er griff an
der An|griff, die An|grif|fe
die Angst, die Ängs|te
ängst|lich ❹
an|hal|ten, du hältst an,
sie hielt an
der An|hän|ger, die An|hän|ger
an|häng|lich
der An|ker, die An|ker
an|kla|gen, du klagst an
an|kom|men, du kommst an,
sie kam an
an|kreu|zen, du kreuzt an
die An|kunft, die An|künf|te
der An|lauf, die An|läu|fe
die An|nah|me, die An|nah|men
an|neh|men, du nimmst an,
er nahm an
der Ano|rak, die Ano|raks
der An|ruf, die An|ru|fe ❶
an|ru|fen, du rufst an,
sie rief an

an|sa|gen, du sagst an

an|schau|en, du schaust an

an|schei|nend

an|schlie|ßend

der An|schluss,

die An|schlüs|se

sich an|schnal|len,

du schnallst dich an ❺

die An|schrift, die An|schrif|ten

an|se|hen, du siehst an,

er sah an

an|sons|ten

der An|stand

an|stän|dig

an|star|ren, du starrst an

an|statt

an|ste|cken, du steckst an

an|ste|ckend

sich an|stel|len,

du stellst dich an

der An|stoß, die An|stö|ße

sich an|stren|gen,

du strengst dich an

an|stren|gend

die An|ten|ne, die An|ten|nen

der An|trag, die An|trä|ge

die Ant|wort, die Ant|wor|ten

ant|wor|ten, du antwortest

der An|walt, die An|wäl|te

die An|wäl|tin,

die An|wäl|tin|nen ❸

an|wen|den, du wendest an,

er wandte an

an|we|send

die An|zahl, die An|zah|len

die An|zei|ge, die An|zei|gen

an|zie|hen, du ziehst an,

sie zog an

der An|zug, die An|zü|ge ❻

an|zün|den, du zündest an

der Ap|fel, die Äp|fel

das Ap|fel|mus

die Ap|fel|si|ne,

die Ap|fel|si|nen

die Apo|the|ke, die Apo|the|ken

der Ap|pa|rat, die Ap|pa|ra|te

der Ap|pe|tit

ap|pe|tit|lich

der Ap|plaus

die Ap|ri|ko|se, die Ap|ri|ko|sen

der Ap|ril

das Aqua|ri|um, die Aqua|ri|en

der Äqua|tor ❽

die Ar|beit, die Ar|bei|ten

ar|bei|ten, du arbeitest

ar|beits|los

der Ar|chi|tekt,

die Ar|chi|tek|ten

die **Ar|chi|tek|tin**,
  die Ar|chi|tek|tin|nen
  arg, ärger, am ärgsten
  är|ger, am ärgsten ◁ arg
der **Är|ger**
  är|ger|lich
  är|gern, du ärgerst
das **Ar|gu|ment**,
  die Ar|gu|men|te
  ar|gu|men|tie|ren,
  du argumentierst ❷
  arm, ärmer, am ärmsten
der **Arm**, die Ar|me
der **Är|mel**, die Är|mel
  är|mer, am ärmsten ◁ arm
der **Arm|reif**, die Arm|rei|fe
die **Ar|mut**
die **Art**, die Ar|ten
  ar|tig
der **Ar|ti|kel**, die Ar|ti|kel
der **Ar|tist**, die Ar|tis|ten
die **Ar|tis|tin**, die Ar|tis|tin|nen
die **Arz|nei**, die Arz|nei|en
der **Arzt**, die Ärz|te
die **Ärz|tin**, die Ärz|tin|nen
die **Asche** ❶
  Asi|en
der **As|phalt**, die As|phal|te
das **Ass**, die As|se

sie **aß** ◁ essen
der **As|sis|tent**,
  die As|sis|ten|ten
die **As|sis|ten|tin**,
  die As|sis|ten|tin|nen
der **Ast**, die Äs|te
die **As|ter**, die As|tern
das **Asth|ma**
der **Ast|ro|naut**,
  die Ast|ro|nau|ten ❼
die **Ast|ro|nau|tin**,
  die Ast|ro|nau|tin|nen
das **Asyl**, die Asy|le
der **Atem**
  atem|los
der **Ath|let**, die Ath|le|ten
die **Ath|le|tin**,
  die Ath|le|tin|nen
der **At|lan|tik**
der **At|las**,
  die At|lan|ten – At|las|se
  at|men, du atmest
die **At|mo|sphä|re**,
  die At|mo|sphä|ren ❽
das **Atom**, die Ato|me
das **Atom|kraft|werk**,
  die Atom|kraft|wer|ke
die **At|ta|cke**, die At|ta|cken
das **At|test**, die At|tes|te

die **At|trak|ti|on**,
  die At|trak|tio|nen
at|trak|tiv
au
aua
die **Au|ber|gi|ne**,
  die Au|ber|gi|nen
auch
auf
auf|bau|en, du baust auf
auf|dring|lich ❸
auf|ei|nan|der
der **Auf|ent|halt**,
  die Auf|ent|hal|te
auf|fal|len, du fällst auf,
  er fiel auf
auf|fäl|lig ❹
auf|for|dern,
  du forderst auf
die **Auf|ga|be**, die Auf|ga|ben
auf|ge|ben, du gibst auf,
  sie gab auf
auf|ge|regt
auf|grund – auf Grund
auf|hän|gen, du hängst auf,
  er hing auf
auf|hö|ren, du hörst auf
sich **auf|lö|sen**, es löst sich auf
auf|merk|sam

die **Auf|merk|sam|keit**,
  die Auf|merk|sam|kei|ten
die **Auf|nah|me**,
  die Auf|nah|men
auf|neh|men, du nimmst auf,
  sie nahm auf
auf|pas|sen, du passt auf
auf|räu|men, du räumst auf
sich **auf|re|gen**,
  du regst dich auf
auf|re|gend
der **Auf|satz**, die Auf|sät|ze
auf|schrei|ben, du schreibst
  auf, er schrieb auf
die **Auf|sicht**, die Auf|sich|ten
auf|ste|hen, du stehst auf,
  er stand auf
der **Auf|trag**, die Auf|trä|ge ❻
auf|tre|ten, du trittst auf,
  sie trat auf
der **Auf|tritt**, die Auf|trit|te ❺
auf|wa|chen,
  du wachst auf
auf|wärts
auf|we|cken, du weckst auf
der **Auf|zug**, die Auf|zü|ge
das **Au|ge**, die Au|gen ❶
der **Au|gen|blick**,
  die Au|gen|bli|cke

die **Au|gen|braue**,
die Au|gen|brau|en
das **Au|gen|lid**, die Au|gen|li|der
der **Au|gust**
die **Au|la**, die Au|las – Au|len
aus
aus|bes|sern,
du besserst aus
die **Aus|bil|dung**,
die Aus|bil|dun|gen ❸
aus|brei|ten, du breitest aus
die **Aus|dau|er**
der **Aus|druck**, die Aus|drü|cke
aus|dru|cken,
du druckst aus
aus|drück|lich
aus|ei|nan|der
der **Aus|flug**, die Aus|flü|ge
aus|führ|lich
die **Aus|ga|be**, die Aus|ga|ben
der **Aus|gang**, die Aus|gän|ge
aus|ge|ben, du gibst aus,
er gab aus
aus|ge|rech|net
aus|ge|zeich|net
aus|gie|big
der **Aus|gleich**, die Aus|glei|che
aus|hal|ten, du hältst aus,
sie hielt aus

die **Aus|kunft**, die Aus|künf|te
das **Aus|land**
der **Aus|län|der**,
die Aus|län|der ❹
die **Aus|län|de|rin**,
die Aus|län|de|rin|nen
aus|län|disch
aus|lee|ren, du leerst aus
aus|lei|hen, du leihst aus,
er lieh aus
sich **aus|log|gen**,
du loggst dich aus
die **Aus|nah|me**,
die Aus|nah|men
aus|nahms|wei|se
die **Aus|re|de**, die Aus|re|den
aus|rei|chend
aus|rei|ßen, du reißt aus,
sie riss aus
die **Aus|sa|ge**, die Aus|sa|gen
der **Aus|schlag**,
die Aus|schlä|ge
aus|schließ|lich
au|ßen ❽
au|ßer
au|ßer|dem
au|ßer|halb
sich **äu|ßern**, du äußerst dich
au|ßer|or|dent|lich

67

B

äu|ßerst
der **Aus|ruf**, die Aus|ru|fe
das **Aus|ru|fe|zei|chen**,
die Aus|ru|fe|zei|chen
aus|se|hen, du siehst aus,
er sah aus
die **Aus|sicht**, die Aus|sich|ten
aus|sichts|los
aus|stel|len, du stellst aus
die **Aus|stel|lung**,
die Aus|stel|lun|gen ❼
aus|ster|ben, es stirbt aus,
es starb aus
Aust|ra|li|en
die **Aus|wahl**
aus|wäh|len, du wählst aus

aus|wärts
der **Aus|weis**, die Aus|wei|se
aus|wen|dig
der **Aus|zu|bil|den|de**,
die Aus|zu|bil|den|den ❷
die **Aus|zu|bil|den|de**,
die Aus|zu|bil|den|den
das **Au|to**, die Au|tos
das **Au|to|gramm**,
die Au|to|gram|me ❺
der **Au|to|mat**, die Au|to|ma|ten
au|to|ma|tisch
der **Au|tor**, die Au|to|ren
die **Au|to|rin**, die Au|to|rin|nen
die **Avo|ca|do**, die Avo|ca|dos
die **Axt**, die Äx|te

das **Ba|by**, die Ba|bys
der **Bach**, die Bä|che
die **Ba|cke**, die Ba|cken
ba|cken, du backst – bäckst
die **Bä|cke|rei**, die Bä|cke|rei|en
das **Bad**, die Bä|der ❻

der **Ba|de|an|zug**,
die Ba|de|an|zü|ge
die **Ba|de|ho|se**,
die Ba|de|ho|sen
ba|den, du badest
Ba|den-Würt|tem|berg

die **Ba|de|wan|ne**,
   die Ba|de|wan|nen
der **Bag|ger**, die Bag|ger ❺
   bag|gern, du baggerst
die **Bahn**, die Bah|nen
der **Bahn|hof**, die Bahn|hö|fe
der **Bahn|steig**,
   die Bahn|stei|ge
die **Bak|te|rie**, die Bak|te|ri|en
   ba|lan|cie|ren,
   du balancierst
   bald
der **Bal|ken**, die Bal|ken
der **Bal|kon**,
   die Bal|ko|ne – Bal|kons
der **Ball**, die Bäl|le
das **Bal|lett**, die Bal|let|te
der **Bal|lon**,
   die Bal|lo|ne – Bal|lons
die **Ba|na|ne**, die Ba|na|nen ❶
das **Band** (z.B. Geschenkband),
   die Bän|der
der **Band** (Buch), die Bän|de
die **Band** (Musikgruppe),
   die Bands
sie **band** ◁ binden
die **Ban|de**, die Ban|den
die **Bank** (z.B. die Parkbank),
   die Bän|ke

die **Bank** (Geldinstitut),
   die Ban|ken
   bar
die **Bar**, die Bars
der **Bär**, die Bä|ren
die **Ba|ra|cke**, die Ba|ra|cken
   bar|fuß ❽
er **barg** ◁ bergen ❻
das **Bar|geld**
   Bar-Miz|wa
das **Ba|ro|me|ter**,
   die Ba|ro|me|ter
der **Bar|ren**, die Bar|ren
   bar|rie|re|frei
der **Barsch**, die Bar|sche
der **Bart**, die Bär|te
das **Ba|si|li|kum**
der **Bas|ket|ball**,
   die Bas|ket|bäl|le
der **Bass**, die Bäs|se
   bas|teln, du bastelst
sie **bat** ◁ bitten
die **Bat|te|rie**, die Bat|te|ri|en ❷
der **Bau**, die Bau|ten
der **Bauch**, die Bäu|che
der **Bauch|na|bel**,
   die Bauch|na|bel
   bau|en, du baust
der **Bau|er**, die Bau|ern

69

die **Bäue|rin**,
  die Bäue|rin|nen ❹
  bau|fäl|lig
der **Baum**, die Bäu|me
  bau|meln, du baumelst
der **Bau|stein**, die Bau|stei|ne
die **Bau|stel|le**, die Bau|stel|len
  Bay|ern
  be|ach|ten, du beachtest
der **Bea|mer**, die Bea|mer
der **Be|am|te**, die Be|am|ten
die **Be|am|tin**, die Be|am|tin|nen
  be|an|tra|gen, du beantragst
  be|ant|wor|ten,
  du beantwortest
  be|ar|bei|ten, du bearbeitest
  be|ben, du bebst
der **Be|cher**, die Be|cher
das **Be|cken**, die Be|cken
  be|däch|tig ❸
sich **be|dan|ken**,
  du bedankst dich
der **Be|darf**
  be|dau|er|lich
  be|dau|ern, du bedauerst
  be|deu|ten, es bedeutet
  be|deu|tend
die **Be|deu|tung**,
  die Be|deu|tun|gen

die **Be|die|nung**,
  die Be|die|nun|gen ❼
die **Be|din|gung**,
  die Be|din|gun|gen
  be|dro|hen, du bedrohst
  be|droh|lich
das **Be|dürf|nis**,
  die Be|dürf|nis|se
sich **be|ei|len**, du beeilst dich
  be|ein|dru|ckend
  be|ein|druckt
  be|ein|flus|sen,
  du beeinflusst
  be|en|den, du beendest
die **Be|er|di|gung**,
  die Be|er|di|gun|gen
die **Bee|re**, die Bee|ren
das **Beet**, die Bee|te
  er **be|fahl** ◁ befehlen
  er **be|fand** sich ◁ sich befinden
der **Be|fehl**, die Be|feh|le
  be|feh|len, du befiehlst,
  er befahl
du **be|fiehlst** ◁ befehlen
sich **be|fin|den**, du befindest
  dich, er befand sich
  be|fra|gen, du befragst
  be|freun|det
  be|frie|di|gend

be|fruch|ten, sie befruchtet
be|fürch|ten, du befürchtest
be|gabt
die Be|ga|bung,
  die Be|ga|bun|gen
 er be|gann ◁ beginnen
  be|geg|nen, du begegnest
die Be|geg|nung,
  die Be|geg|nun|gen
  be|geis|tert
  be|gin|nen, du beginnst,
  er begann
  be|glei|ten, du begleitest
  be|glück|wün|schen,
  du beglückwünschst
das Be|gräb|nis,
  die Be|gräb|nis|se ❸
  be|grei|fen, du begreifst,
  sie begriff
sie be|griff ◁ begreifen
der Be|griff, die Be|grif|fe
  be|grün|den, du begründest
  be|grü|ßen, du begrüßt
  be|haart ❽
  be|hag|lich
  be|hal|ten, du behältst,
  er behielt
der Be|häl|ter, die Be|häl|ter
 du be|hältst ◁ behalten ❹

be|han|deln, du behandelst
die Be|hand|lung,
  die Be|hand|lun|gen
  be|harr|lich
  be|haup|ten, du behauptest
sich be|herr|schen,
  du beherrschst dich
  be|herzt
 er be|hielt ◁ behalten
  be|hilf|lich ❷
  be|hin|dern, du behinderst
die Be|hin|de|rung,
  die Be|hin|de|run|gen
die Be|hör|de, die Be|hör|den
  be|hü|ten, du behütest
  be|hut|sam
  bei
  bei|brin|gen, du bringst bei,
  sie brachte bei
  beich|ten, du beichtest
  bei|de
der Bei|fall
  beige
das Beil, die Bei|le
das Bein, die Bei|ne ❶
  bei|nah – bei|na|he
  bei|sam|men
  bei|sei|te
das Bei|spiel, die Bei|spie|le

71

bei|spiels|wei|se (bspw.)

bei|ßen, du beißt, er biss

der **Bei|trag**, die Bei|trä|ge

sie **be|kam** ◁ bekommen

be|kämp|fen, du bekämpfst

be|kannt

sich **be|kle|ckern**,
du bekleckerst dich

die **Be|klei|dung**

be|kom|men, du bekommst,
sie bekam

der **Be|lag**, die Be|lä|ge

be|las|ten, du belastest

be|läs|ti|gen, du belästigst

be|lei|di|gen, du beleidigst

be|lei|digt

be|leuch|ten,
du beleuchtest

die **Be|leuch|tung**,
die Be|leuch|tun|gen ❼

Bel|gi|en

be|liebt

bel|len, er bellt

be|loh|nen, du belohnst

be|mer|ken, du bemerkst

die **Be|mer|kung**,
die Be|mer|kun|gen

sich **be|mü|hen**,
du bemühst dich

be|nach|rich|ti|gen,
du benachrichtigst

er **be|nahm** sich ◁ sich
benehmen

sich **be|neh|men**, du benimmst
dich, er benahm sich

be|nei|den, du beneidest

du **be|nimmst** dich ◁ sich
benehmen

be|nom|men ❺

be|nö|ti|gen, du benötigst

be|nut|zen, du benutzt

das **Ben|zin**, die Ben|zi|ne

be|ob|ach|ten,
du beobachtest

die **Be|ob|ach|tung**,
die Be|ob|ach|tun|gen

be|quem

be|ra|ten, du berätst,
sie beriet

du **be|rätst** ◁ beraten

be|rech|nen, du berechnest

be|rech|tigt

der **Be|reich**, die Be|rei|che

be|reit

be|rei|ten, du bereitest

be|reits

be|reu|en, du bereust

der **Berg**, die Ber|ge ❻

berg|ab
berg|auf
ber|gen, du birgst, er barg
ber|gig
die Ber|gung, die Ber|gun|gen
der Be|richt, die Be|rich|te
be|rich|ten, du berichtest
be|rie|seln, du berieselst
sie be|riet ◁ beraten
Ber|lin
be|rüch|tigt
be|rück|sich|ti|gen,
du berücksichtigst
der Be|ruf, die Be|ru|fe
be|ruf|lich
be|rufs|tä|tig ❸
be|ru|hi|gen, du beruhigst
be|ru|higt
be|rühmt ❽
be|rüh|ren, du berührst
die Be|rüh|rung,
die Be|rüh|run|gen
er be|sann sich
◁ sich besinnen
sie be|saß ◁ besitzen
be|schä|di|gen,
du beschädigst ❹
sich be|schäf|ti|gen,
du beschäftigst dich

be|schäf|tigt
die Be|schäf|ti|gung,
die Be|schäf|ti|gun|gen
Be|scheid sagen,
du sagst Bescheid
be|schei|den
be|schei|ni|gen,
du bescheinigst
die Be|schei|ni|gung,
die Be|schei|ni|gun|gen
die Be|sche|rung,
die Be|sche|run|gen ❼
be|schleu|ni|gen,
du beschleunigst
be|schlie|ßen,
du beschließt, er beschloss
er be|schloss ◁ beschließen
be|schlos|sen
der Be|schluss,
die Be|schlüs|se
be|schmut|zen,
du beschmutzt
be|schrei|ben,
du beschreibst
be|schrif|ten,
du beschriftest
be|schul|di|gen,
du beschuldigst
be|schüt|zen, du beschützt

die **Be**|**schwer**|**de**,
   die Be|schwer|den
sich **be**|**schwe**|**ren**,
   du beschwerst dich
   be|**sei**|**ti**|**gen**, du beseitigst
der **Be**|**sen**, die Be|sen ❶
   be|**ses**|**sen**
   be|**setzt**
   be|**sich**|**ti**|**gen**,
   du besichtigst
sich **be**|**sin**|**nen**, du besinnst
   dich, er besann sich ❷
   be|**sit**|**zen**, du besitzt,
   sie besaß
   be|**son**|**ders**
   be|**sor**|**gen**, du besorgst
 er **be**|**sprach** ◁ besprechen
   be|**spre**|**chen**, du besprichst,
   er besprach
die **Be**|**spre**|**chung**,
   die Be|spre|chun|gen
du **be**|**sprichst** ◁ besprechen
   bes|**ser**, am besten ◁ gut
sie **be**|**stand** ◁ bestehen
   be|**stan**|**den**
   be|**stä**|**ti**|**gen**, du bestätigst
   be|**stäu**|**ben**, sie bestäubt
die **Be**|**stäu**|**bung**,
   die Be|stäu|bun|gen

das **Be**|**steck**, die Be|ste|cke ❺
   be|**ste**|**hen**, du bestehst,
   sie bestand
   be|**stel**|**len**, du bestellst
die **Be**|**stel**|**lung**,
   die Be|stel|lun|gen
am **bes**|**ten** ◁ gut
die **Bes**|**tie**, die Bes|ti|en
   be|**stim**|**men**, du bestimmst
   be|**stimmt**
   be|**stra**|**fen**, du bestrafst
der **Best**|**sel**|**ler**, die Best|sel|ler
   be|**su**|**chen**, du besuchst
der **Be**|**such**, die Be|su|che
   be|**täubt**
die **Be**|**täu**|**bung**,
   die Be|täu|bun|gen
sich **be**|**tei**|**li**|**gen**,
   du beteiligst dich
   be|**ten**, du betest
der **Be**|**ton**
   be|**to**|**nen**, du betonst
   be|**trach**|**ten**, du betrachtest
der **Be**|**trag**, die Be|trä|ge
 er **be**|**trat** ◁ betreten
   be|**tre**|**ten**, du betrittst,
   er betrat
   be|**treu**|**en**, du betreust
der **Be**|**trieb**, die Be|trie|be ❻

du **be|trittst** ◁ betreten

sie **be|trog** ◁ betrügen

be|trübt

der **Be|trug**

be|trü|gen, du betrügst,

sie betrog

das **Bett**, die Bet|ten

bet|teln, du bettelst

die **Beu|le**, die Beu|len

be|ur|tei|len, du beurteilst

die **Beu|te**, die Beu|ten

der **Beu|tel**, die Beu|tel

die **Be|völ|ke|rung**,

die Be|völ|ke|run|gen

be|vor ❸

be|vor|zu|gen,

du bevorzugst

er **be|warb** sich

◁ sich bewerben

sich **be|we|gen**,

du bewegst dich

be|weg|lich

die **Be|we|gung**,

die Be|we|gun|gen

der **Be|weis**, die Be|wei|se

be|wei|sen, du beweist,

sie bewies

sich **be|wer|ben**, du bewirbst

dich, er bewarb sich

die **Be|wer|bung**,

die Be|wer|bun|gen

sie **be|wies** ◁ beweisen

du **be|wirbst** dich

◁ sich bewerben

be|woh|nen, du bewohnst

be|wölkt

die **Be|wöl|kung**

be|wun|dern, du bewunderst

be|wusst|los

be|zah|len, du bezahlst

die **Be|zie|hung**,

die Be|zie|hun|gen

be|zie|hungs|wei|se (bzw.)

der **Be|zirk**, die Be|zir|ke

der **Be|zug**, die Be|zü|ge ❻

bib|bern, du bibberst

die **Bi|bel**, die Bi|beln

der **Bi|ber**, die Bi|ber ❽

die **Bib|lio|thek**,

die Bib|lio|the|ken

bie|gen, du biegst, sie bog

bieg|sam

die **Bie|ne**, die Bie|nen

das **Bier**, die Bie|re

das **Biest**, die Bies|ter

bie|ten, du bietest, er bot ❷

der **Bi|ki|ni**, die Bi|ki|nis

das **Bild**, die Bil|der

bil|den, du bildest

der **Bild|schirm**,
die Bild|schir|me

die **Bil|dung**

bil|lig

ich **bin**, du bist, er war ◁ sein

die **Bin|de**, die Bin|den

bin|den, du bindest, sie band

der **Bin|de|strich**,
die Bin|de|stri|che

die **Bin|dung**, die Bin|dun|gen

die **Bio|lo|gie**

das **Bio|top** – der Bio|top,
die Bio|to|pe

du **birgst** ◁ bergen

die **Bir|ke**, die Bir|ken

die **Bir|ne**, die Bir|nen

bis

der **Bi|schof**, die Bi|schö|fe

die **Bi|schö|fin**,
die Bi|schö|fin|nen

bis|her

der **Biss**, die Bis|se

er **biss** ◁ beißen

biss|chen

bis|sig

du **bist**, du warst ◁ sein

die **Bit|te**, die Bit|ten

bit|ten, du bittest, sie bat

bit|ter

die **Bla|ma|ge**, die Bla|ma|gen

sich **bla|mie|ren**,
du blamierst dich

blank

die **Bla|se**, die Bla|sen ❶

bla|sen, du bläst, sie blies

blass

du **bläst** ◁ blasen

das **Blatt**, die Blät|ter ❹

blät|tern, du blätterst

blau

die **Blau|bee|re**,
die Blau|bee|ren

das **Blech**, die Ble|che

blei|ben, du bleibst, er blieb

bleich

der **Blei|stift**, die Blei|stif|te

blen|den, du blendest

der **Blick**, die Bli|cke

bli|cken, du blickst

er **blieb** ◁ bleiben

sie **blies** ◁ blasen

blind

der **Blind|darm**,
die Blind|där|me

blin|ken, du blinkst

blin|zeln, du blinzelst

der **Blitz**, die Blit|ze ❺

blitz|blank

blit|zen, es blitzt

der **Block**, die Blö|cke ❼

blöd

der **Blöd|sinn**

blond

bloß ❽

blub|bern, es blubbert

blü|hen, es blüht ❷

die **Blu|me**, die Blu|men

die **Blu|se**, die Blu|sen

das **Blut**

die **Blü|te**, die Blü|ten

blu|ten, du blutest

blu|tig

der **Bob**, die Bobs

der **Bock**, die Bö|cke ❺

bo|ckig

der **Bo|den**, die Bö|den

sie **bog** ◁ biegen

der **Bo|gen**, die Bo|gen – Bö|gen

die **Boh|ne**, die Boh|nen

boh|ren, du bohrst

die **Bo|je**, die Bo|jen

die **Bom|be**, die Bom|ben

der **Bom|mel**, die Bom|mel

der **Bon|bon** – das Bon|bon,
die Bon|bons ❶

das **Boot**, die Boo|te

das **Bord** (z.B. Bücherbrett),
die Bor|de

der **Bord** (z.B. Schiff), die Bor|de

bor|gen, du borgst

die **Bors|te**, die Bors|ten

bö|se

die **Bö|schung**,
die Bö|schun|gen

bos|haft

die **Bos|heit**, die Bos|hei|ten ❼

Bos|ni|en

der **Boss**, die Bos|se

er **bot** ◁ bieten

der **Bo|te**, die Bo|ten

die **Bo|tin**, die Bo|tin|nen

die **Bot|schaft**, die Bot|schaf|ten

bo|xen, du boxt

er **brach** ◁ brechen

sie **brach|te** ◁ bringen

der **Brand**, die Brän|de ❻

Bran|den|burg

die **Bran|dung**,
die Bran|dun|gen

es **brann|te** ◁ brennen

bra|ten, du brätst, er briet

der **Bra|ten**, die Bra|ten

die **Brat|sche**, die Brat|schen

du **brätst** ◁ braten

der **Brauch**, die Bräu|che

brau|chen, du brauchst

brau|en, du braust

die Braue|rei, die Braue|rei|en

braun

bräu|nen, du bräunst

die Brau|se, die Brau|sen

brau|sen, du braust

die Braut, die Bräu|te ❹

der Bräu|ti|gam,
die Bräu|ti|ga|me

brav

bra|vo

bre|chen, du brichst,
er brach

der Brei, die Breie

breit

die Brei|te, die Brei|ten

Bre|men

die Brem|se, die Brem|sen

brem|sen, du bremst

bren|nen, es brennt,
es brannte

die Brenn|nes|sel,
die Brenn|nes|seln ❸

brenz|lig

das Brett, die Bret|ter

die Bre|zel, die Bre|zeln

du brichst ◁ brechen

der Brief, die Brie|fe

er briet ◁ braten

die Bril|le, die Bril|len

brin|gen, du bringst,
sie brachte

die Bri|se, die Bri|sen

brö|ckeln, es bröckelt

der Bro|cken, die Bro|cken

der Brok|ko|li, die Brok|ko|lis

die Brom|bee|re,
die Brom|bee|ren

die Bron|ze

das Brot, die Bro|te

das Bröt|chen, die Bröt|chen

der Bruch, die Brü|che

die Brü|cke, die Brü|cken

der Bru|der, die Brü|der

brül|len, du brüllst

brum|men, du brummst

brum|mig

der Brunch, die Brun|che –
Brun|ches – Brunchs

der Brun|nen, die Brun|nen

die Brust, die Brüs|te

die Brut

bru|tal

die Bru|ta|li|tät,
die Bru|ta|li|tä|ten

brü|ten, du brütest

brut|zeln, es brutzelt

bspw. (beispielsweise)

der **Bub**, die Bu|ben

das **Buch**, die Bü|cher

die **Bu|che**, die Bu|chen

die **Bü|che|rei**,
die Bü|che|rei|en

die **Büch|se**, die Büch|sen

der **Buch|sta|be**,
die Buch|sta|ben

buch|sta|bie|ren,
du buchstabierst

die **Bucht**, die Buch|ten

die **Buch|se**, die Buch|sen

der **Bu|ckel**, die Bu|ckel

sich **bü|cken**, du bückst dich

bud|deln, du buddelst

der **Bud|dhis|mus**

bud|dhis|tisch

die **Bu|de**, die Bu|den

der **Büf|fel**, die Büf|fel

der **Bü|gel**, die Bü|gel

bü|geln, du bügelst

der **Bug|gy**, die Bug|gys

bu|hen, du buhst

die **Büh|ne**, die Büh|nen

Bul|ga|ri|en

der **Bul|gur**

der **Bull|dog**, die Bull|dogs

der **Bul|le**, die Bul|len

der **Bu|me|rang**,
die Bu|me|rangs –
Bu|me|ran|ge

bum|meln, du bummelst ❺

das **Bund** (z.B. Möhren),
die Bun|de ❻

der **Bund** (z.B. Geheimbund),
die Bün|de

das **Bün|del**, die Bün|del

der **Bun|des|kanz|ler**,
die Bun|des|kanz|ler

die **Bun|des|kanz|le|rin**,
die Bun|des|kanz|le|rin|nen

das **Bun|des|land**,
die Bun|des|län|der ❹

die **Bun|des|li|ga**

die **Bun|des|re|pub|lik**

die **Bun|des|wehr**

bunt

der **Bunt|stift**, die Bunt|stif|te ❸

die **Burg**, die Bur|gen

der **Bür|ger**, die Bür|ger

die **Bür|ge|rin**,
die Bür|ge|rin|nen ❼

der **Bür|ger|meis|ter**,
die Bür|ger|meis|ter

die **Bür|ger|meis|te|rin**,
die Bür|ger|meis|te|rin|nen

das **Bü|ro**, die Bü|ros

die **Bü**|ro|klam|mer,
   die Bü|ro|klam|mern
der **Bur**|sche, die Bur|schen
die **Bürs**|te, die Bürs|ten
   bürs|ten, du bürstest
der **Bus**, die Bus|se
der **Busch**, die Bü|sche
der **Bu**|sen, die Bu|sen ❶

die **Bus**|hal|te|stel|le,
   die Bus|hal|te|stel|len
der **Bus**|sard, die Bus|sar|de
   Buß- und Bet|tag
die **Bu**|ße, die Bu|ßen
   bü|ßen, du büßt
die **But**|ter
   bzw. (beziehungsweise)

ca. (circa – zirka)
das **Cab**|rio, die Cab|ri|os
das **Ca**|fé, die Ca|fés
   cam|pen, du campst
der **Cam**|ping|platz,
   die Cam|ping|plät|ze
die **CD**, die CDs
der **CD-Play**|er, die CD-Play|er
die **CD-ROM**, die CD-ROMs
das **Cel**|lo, die Cel|li – Cel|los
   Cel|si|us (z.B. 5 °C)
der **Cent**, die Cents (z.B. 10 ct)
das **Cen**|ter, die Cen|ter

das **Cha**|mä|le|on,
   die Cha|mä|le|ons ❽
der **Cham**|pig|non,
   die Cham|pig|nons
der **Cham**|pi|on,
   die Cham|pi|ons
die **Chan**|ce, die Chan|cen ❽
   Cha|nuk|ka
das **Cha**|os
   chao|tisch
der **Cha**|rak|ter,
   die Cha|rak|te|re
die **Charts**

chat|ten, du chattest

der Chef, die Chefs

die Che|fin, die Che|fin|nen

die Che|mie

che|misch

chic – schick

der Chi|co|rée, die Chi|co|rées

chil|len, du chillst

der Chip, die Chips

der Chi|rurg, die Chi|rur|gen

die Chi|rur|gin,
die Chi|rur|gin|nen

der Chor, die Chö|re

der Christ, die Chris|ten

Chris|ti Him|mel|fahrt

die Chris|tin, die Chris|tin|nen

der Christ|baum,
die Christ|bäu|me

christ|lich

das Christ|kind

cir|ca – zirka (ca.)

der Cir|cus – Zir|kus,
die Cir|cus|se – Zir|kus|se

die Ci|ty, die Ci|tys

cle|ver

der Clown, die Clowns

der Club – Klub,
die Clubs – Klubs

cm (Zentimeter)

der Code – Kode,
die Codes – Kodes

Co|la

der Co|mic, die Co|mics

der Com|pu|ter,
die Com|pu|ter ❷

der Con|tai|ner,
die Con|tai|ner

cool

die Corn|flakes

die Couch, die Couchs

das Cous|cous –
der Cous|cous – Kus|kus

der Cou|sin, die Cou|sins

die Cou|si|ne,
die Cou|si|nen

der Cow|boy, die Cow|boys

das Cow|girl, die Cow|girls

die Creme, die Cremes

ct (Cent)

die Cur|ry|wurst,
die Cur|ry|wür|ste

der Cur|sor, die Cur|sor

D

da
da|bei
da|blei|ben, du bleibst da
das **Dach**, die Dä|cher
sie **dach|te** ◁ denken
der **Dachs**, die Da|chse ❽
da|durch
da|für
da|ge|gen
da|heim
da|her
da|hin
da|hin|ter
da|mals
die **Da|me**, die Da|men
da|mit
der **Damm**, die Däm|me
die **Däm|me|rung**,
die Däm|me|run|gen
der **Dampf**, die Dämp|fe
damp|fen, es dampft
der **Damp|fer**, die Dam|pfer
da|nach
da|ne|ben

Dä|ne|mark
der **Dank**
dank|bar
dan|ken, du dankst
dann
da|ran
da|rauf
da|raus
du **darfst** ◁ dürfen
da|rin
der **Darm**, die Där|me
da|rü|ber
da|rum
da|run|ter
das
dass
das|sel|be
die **Da|tei**, die Da|tei|en
die **Da|ten**
der **Da|tiv**
das **Da|tum**, die Da|ten
dau|ern, es dauert
dau|ernd
der **Dau|men**, die Dau|men
da|von
da|vor
da|zu
da|zwi|schen
die **De|cke**, die De|cken

de|cken, du deckst
deh|nen, du dehnst
der **Deich**, die Dei|che
dein
dei|ne
dei|ner
dei|net|we|gen
der **Del|fin** – Del|phin,
die Del|fi|ne – Del|phi|ne
die **Del|le**, die Del|len ❺
der **Del|phin** – Del|fin,
die Del|phi|ne – Del|fi|ne
dem
dem|nach
dem|nächst
die **De|mo|kra|tie**,
die De|mo|kra|ti|en
de|mo|kra|tisch
die **De|mons|tra|ti|on**,
die De|mons|tra|tio|nen
de|mons|trie|ren,
du demonstrierst
den
de|nen
den|ken, du denkst,
sie dachte
das **Denk|mal**, die Denk|mä|ler
denn
den|noch

der
de|ren
der|sel|be
des
des|halb
der **Desk|top**, die Desk|tops
des|sen
des|to
der **De|tek|tiv**, die De|tek|ti|ve
die **De|tek|ti|vin**,
die De|tek|ti|vin|nen
deu|ten, du deutest
deut|lich
deutsch
das **Deutsch**
Deutsch|land
der **De|zem|ber**
der **De|zi|me|ter** (z.B. 7 dm) ❶
der **Dia|lekt**, die Dia|lek|te
der **Dia|mant**, die Dia|man|ten
die **Di|ät**, die Diä|ten
dich
dicht
dich|ten, du dichtest
die **Dich|tung**, die Dich|tun|gen
dick
das **Di|ckicht**, die Di|ckich|te
die
der **Dieb|stahl**, die Dieb|stäh|le

die **Die|le**, die Die|len

die|nen, du dienst

der **Dienst**, die Diens|te

der **Diens|tag**, die Diens|ta|ge

diens|tags

dies

die|se

die|ser

die|ses

die|sel|be

die|sig

dies|mal

die **Dif|fe|renz**,

die Dif|fe|ren|zen

di|gi|tal

das **Dik|tat**, die Dik|ta|te

die **Dik|ta|tur**,

die Dik|ta|tu|ren

dik|tie|ren, du diktierst

DIN (z.B. DIN A4)

das **Ding**, die Din|ge

der **Di|no|sau|ri|er**,

die Di|no|sau|ri|er ❶

dir

di|rekt

der **Di|rek|tor**, die Di|rek|to|ren

die **Di|rek|to|rin**,

die Di|rek|to|rin|nen

der **Di|ri|gent**, die Di|ri|gen|ten

die **Di|ri|gen|tin**,

die Di|ri|gen|tin|nen

di|ri|gie|ren, du dirigierst

die **Dis|co** – Dis|ko,

die Dis|cos – Dis|kos

die **Dis|kus|si|on**,

die Dis|kus|sio|nen

dis|ku|tie|ren, du diskutierst

das **Dis|play**, die Dis|plays

die **Dis|tel**, die Dis|teln

di|vi|die|ren, du dividierst

die **Di|vi|si|on**, die Di|vi|sio|nen

dm (Dezimeter)

doch

der **Docht**, die Doch|te

der **Dok|tor**, die Dok|to|ren

die **Dok|to|rin**,

die Dok|to|rin|nen

das **Do|ku|ment**,

die Do|ku|men|te

der **Dolch**, die Dol|che

der **Dol|lar**, die Dol|lars

der **Dol|met|scher**,

die Dol|met|scher

die **Dol|met|sche|rin**,

die Dol|met|sche|rin|nen

der **Dom**, die Do|me

die **Do|nau**

der **Dö|ner**, die Dö|ner

der **Don|ner**, die Don|ner
don|nern, es donnert
der **Don|ners|tag**,
die Don|ners|ta|ge ❻
don|ners|tags
doof
das **Do|ping**, die Do|pings
dop|pelt
der **Dop|pel|punkt**,
die Dop|pel|punk|te
das **Dorf**, die Dör|fer
der **Dorn**, die Dor|nen
dort
die **Do|se**, die Do|sen
dö|sen, du döst
das **Dot|ter** – der Dot|ter,
die Dot|ter
down|loa|den,
du downloadest
der **Dra|che**, die Dra|chen
der **Dra|chen**, die Dra|chen
der **Draht**, die Dräh|te
dran
drän|geln, du drängelst
drän|gen, du drängst
drauf
drau|ßen
der **Dreck**
dre|ckig ❸

dre|hen, du drehst
drei
drei|mal
das **Drei|eck**, die Drei|ecke
drei|eckig
drei|ßig
dre|schen, du drischst,
er drosch
dres|sie|ren, du dressierst
drib|beln, du dribbelst
drin
drin|gend
drin|nen
du **drischst** ◁ dreschen
die **Dro|ge**, die Dro|gen
die **Dro|ge|rie**, die Dro|ge|ri|en
dro|hen, du drohst
dröh|nen, es dröhnt
die **Dro|hung**,
die Dro|hun|gen ❸
er **drosch** ◁ dreschen
die **Dros|sel**, die Dros|seln
der **Druck**, die Dru|cke
dru|cken, du druckst
drü|cken, du drückst
der **Dru|cker**, die Dru|cker
der **Dschun|gel**, die Dschun|gel
du
der **Dü|bel**, die Dü|bel

sich **du**|**cken**, du duckst dich
der **Duft**, die Düf|te
   duf|**ten**, du duftest
   dumm, dümmer,
   am dümmsten
   düm|**mer**,
   am dümmsten ◁ dumm
die **Dumm**|**heit**,
   die Dumm|hei|ten
   dumpf
die **Dü**|**ne**, die Dü|nen
der **Dün**|**ger**, die Dün|ger
   dun|**kel**
die **Dun**|**kel**|**heit**
   dünn
der **Dunst**, die Düns|te
   durch
   durch|**ei**|**nan**|**der**

durch|**läs**|**sig**
der **Durch**|**mes**|**ser**,
   die Durch|mes|ser
der **Durch**|**schnitt**
   durch|**schnitt**|**lich**
   durch|**sich**|**tig**
   dür|**fen**, du darfst, er durfte
   er **durf**|**te** ◁ dürfen
   dürr
der **Durst**
   durs|**tig** ❸
die **Du**|**sche**, die Du|schen
   du|**schen**, du duschst
   düs|**ter**
das **Dut**|**zend**, die Dut|zen|de
   du|**zen**, du duzt
die **DVD**, die DVDs
der **Dy**|**na**|**mo**, die Dy|na|mos

die **Eb**|**be**, die Eb|ben ❺
   eben
die **Ebe**|**ne**, die Ebe|nen
   eben|**falls**

   eben|**so**
das **Echo**, die Echos
   echt
die **Ecke**, die Ecken

eckig

der **Edel|stein**, die Edel|stei|ne

EDV (elektronische
Datenverarbeitung)

der **Efeu**

egal

ego|is|tisch

die **Ehe**, die Ehen

ehe

eher

die **Eh|re**, die Eh|ren

ehr|gei|zig

ehr|lich

das **Ei**, die Ei|er

die **Ei|che**, die Ei|chen

die **Ei|chel**, die Ei|cheln

das **Eich|hörn|chen**,
die Eich|hörn|chen

die **Ei|dech|se**, die Ei|dech|sen

ei|fer|süch|tig

eif|rig

ei|gen

ei|gen|ar|tig ❻

die **Ei|gen|schaft**,
die Ei|gen|schaf|ten

ei|gen|sin|nig

ei|gent|lich

das **Ei|gen|tum**,
die Ei|gen|tü|mer

sich **eig|nen**, du eignest dich

die **Ei|le**

ei|len, du eilst

ei|lig

der **Ei|mer**, die Ei|mer

ein

ei|nan|der

ei|ne

ei|ner

ei|nes

die **Ein|bahn|stra|ße**,
die Ein|bahn|stra|ßen ❶

der **Ein|band**, die Ein|bän|de

sich **ein|bil|den**,
du bildest dir ein

der **Ein|bre|cher**,
die Ein|bre|cher

die **Ein|bre|che|rin**,
die Ein|bre|che|rin|nen

ein|deu|tig

der **Ein|druck**, die Ein|drü|cke

ein|drucks|voll

ein|ei|ig

ein|fach

die **Ein|fahrt**, die Ein|fahr|ten

ein|fal|len, dir fällt ein,
ihr fiel ein

ein|far|big ❺

der **Ein|fluss**, die Ein|flüs|se

ein|fü|gen, du fügst ein

der Ein|gang, die Ein|gän|ge

ein|ge|ben, du gibst ein,
er gab ein

ein|ge|bil|det

ein|hef|ten, du heftest ein

ein|hei|misch

die Ein|heit, die Ein|hei|ten

ein|hun|dert

ei|ni|ge

sich ei|ni|gen, du einigst dich

ei|ni|ger|ma|ßen

ein|kau|fen, du kaufst ein

ein|la|den, du lädst ein,
er lud ein

die Ein|lei|tung,
die Ein|lei|tun|gen

sich ein|log|gen,
du loggst dich ein

ein|mal

das Ein|mal|eins

ein|ma|lig

ein|neh|men, du nimmst ein,
sie nahm ein

sich ein|prä|gen,
du prägst dir ein

die Ein|rich|tung,
die Ein|rich|tun|gen

eins

ein|sam

ein|sam|meln,
du sammelst ein

ein|sei|tig ❻

ein|sper|ren, du sperrst ein

ein|spu|rig

einst

ein|stim|mig

ein|tra|gen, du trägst ein,
sie trug ein

ein|ver|stan|den

der Ein|wand, die Ein|wän|de

der Ein|wan|de|rer,
die Ein|wan|de|rer

die Ein|wan|de|rin,
die Ein|wan|de|rin|nen

ein|wand|frei

der Ein|woh|ner,
die Ein|woh|ner ❹

die Ein|woh|ne|rin,
die Ein|woh|ne|rin|nen

die Ein|zahl

die Ein|zel|heit,
die Ein|zel|hei|ten

ein|zeln

ein|zig

ein|zig|ar|tig

das Eis, die Eis

das Ei|sen, die Ei|sen

die **Ei|sen|bahn**,
die Ei|sen|bah|nen

das **Eis|ho|ckey**

ei|sig

ei|tel

der **Ei|ter**

ei|te|rig – eit|rig

der **Ekel**

eke|lig – ek|lig

sich **ekeln**, du ekelst dich

die **El|be**

der **Elch**, die El|che

der **Ele|fant**, die Ele|fan|ten

ele|gant

der **Elekt|ri|ker**, die Elekt|ri|ker

die **Elekt|ri|ke|rin**,
die Elekt|ri|ke|rin|nen

elekt|risch

die **Elekt|ri|zi|tät** ❶

elekt|ro|nisch

das **Ele|ment**, die Ele|men|te

das **Elend**

elf

der **Ell|bo|gen** – El|len|bo|gen,
die Ell|bo|gen –
El|len|bo|gen

die **Els|ter**, die Els|tern

die **El|tern**

die **E-Mail**, die E-Mails

sie **emp|fahl** ◁ empfehlen

er **emp|fand** ◁ empfinden

emp|fan|gen, du empfängst,
sie empfing

du **emp|fängst** ◁ empfangen

emp|feh|len, du empfiehlst,
sie empfahl

du **emp|fiehlst** ◁ empfehlen

emp|fin|den, du empfindest,
er empfand

emp|find|lich

sie **emp|fing** ◁ empfangen

em|por

sich **em|pö|ren**, du empörst dich

em|pört

das **En|de**, die En|den

end|gül|tig

end|lich

end|los

die **En|dung**, die En|dun|gen

die **Ener|gie**, die Ener|gi|en ❹

ener|gie|spa|rend

ener|gisch

eng

sich **en|ga|gie|ren**,
du engagierst dich

der **En|gel**, die En|gel

Eng|land

das **Eng|lisch**

der **En|kel**, die En|kel

die **En|ke|lin**, die En|ke|lin|nen

enorm

die **Ent|bin|dung**,

die Ent|bin|dun|gen

ent|de|cken, du entdeckst

die **En|te**, die En|ten

die **En|ter|tas|te**,

die En|ter|tas|ten

sich **ent|fer|nen**,

du entfernst dich

ent|füh|ren, du entführst

ent|ge|gen

ent|geg|nen, du entgegnest

ent|lang

ent|las|sen, du entlässt,

sie entließ

sie **ent|ließ** ◁ entlassen

ent|schei|den,

du entscheidest,

er entschied

die **Ent|schei|dung**,

die Ent|schei|dun|gen

er **ent|schied** ◁ entscheiden

sich **ent|schlie|ßen**,

du entschließt dich,

sie entschloss sich

sie **ent|schloss** sich ◁ sich

entschließen

der **Ent|schluss**,

die Ent|schlüs|se

sich **ent|schul|di|gen**,

du entschuldigst dich

die **Ent|schul|di|gung**,

die Ent|schul|di|gun|gen

ent|setz|lich

ent|setzt

die **Ent|span|nung**,

die Ent|span|nun|gen

ent|täuscht

die **Ent|täu|schung**,

die Ent|täu|schun|gen

ent|we|der

ent|wi|ckeln, du entwickelst

die **Ent|wick|lung**,

die Ent|wick|lun|gen

der **Ent|wurf**, die Ent|wür|fe

ent|zü|ckend

die **Ent|zün|dung**,

die Ent|zün|dun|gen ❶

ent|zwei

er

das **Er|be**

er|ben, du erbst

die **Erb|se**, die Erb|sen

das **Erd|be|ben**, die Erd|be|ben

die **Erd|bee|re**, die Erd|bee|ren

die **Er|de**

die **Erd|kun|de**

die **Erd|nuss**, die Erd|nüs|se

sich **er|eig|nen**, es ereignet sich

das **Er|eig|nis**,

die Er|eig|nis|se ❸

er|fah|ren, du erfährst,

er erfuhr

du **er|fährst** ◁ erfahren

die **Er|fah|rung**,

die Er|fah|run|gen

die **Er|fin|dung**,

die Er|fin|dun|gen

er|fin|de|risch

der **Er|folg**, die Er|fol|ge

er|folg|reich

er|freu|lich

er|fri|schend

er **er|fuhr** ◁ erfahren

er|gän|zen, du ergänzt

das **Er|geb|nis**,

die Er|geb|nis|se

er|hol|sam

sich **er|in|nern**, du erinnerst dich

die **Er|in|ne|rung**,

die Er|in|ne|run|gen

sich **er|käl|ten**, du erkältest dich

die **Er|käl|tung**,

die Er|käl|tun|gen ❹

sie **er|kann|te** ◁ erkennen

er|ken|nen, du erkennst,

sie erkannte

er|klä|ren, du erklärst

die **Er|klä|rung**,

die Er|klä|run|gen

sich **er|kun|di|gen**,

du erkundigst dich

er|lau|ben, du erlaubst

er|le|ben, du erlebst

das **Er|leb|nis**, die Er|leb|nis|se

er|le|di|gen, du erledigst

er|le|digt

er|leich|tert

er|lö|sen, du erlöst

er|mah|nen, du ermahnst

er|mä|ßigt

sich **er|näh|ren**, du ernährst dich

die **Er|näh|rung** ❹

ernst

der **Ernst**

ernst|haft

die **Ern|te**, die Ern|ten

ern|ten, du erntest

er|obern, du eroberst

die **Er|pres|sung**,

die Er|pres|sun|gen

er|ra|ten, du errätst, er erriet

du **er|rätst** ◁ erraten

er|rei|chen, du erreichst

er **er**|**riet** ◁ erraten
der **Er**|**satz**
er|**schöpft**
sie **er**|**schrak** ◁ erschrecken
er|**schre**|**cken**,
du erschrickst, sie erschrak
du **er**|**schrickst** ◁ erschrecken
er|**schüt**|**ternd**
er|**set**|**zen**, du ersetzt
erst
er|**star**|**ren**, du erstarrst
er|**staunt**
die **Ers**|**te Hil**|**fe**
ers|**tens**
er|**sti**|**cken**, du erstickst
er|**tap**|**pen**, du ertappst
sie **er**|**trank** ◁ ertrinken
er|**trin**|**ken**, du ertrinkst,
sie ertrank
er|**wach**|**sen**
der **Er**|**wach**|**se**|**ne**,
die Er|wach|se|nen
die **Er**|**wach**|**se**|**ne**,
die Er|wach|se|nen
er|**war**|**ten**, du erwartest
die **Er**|**war**|**tung**,
die Er|war|tun|gen
er|**wi**|**dern**, du erwiderst
er|**zäh**|**len**, du erzählst

die **Er**|**zäh**|**lung**,
die Er|zäh|lun|gen ❸
er|**zie**|**hen**, du erziehst
die **Er**|**zie**|**hung**
der **Er**|**zie**|**her**, die Er|zie|her,
die **Er**|**zie**|**he**|**rin**,
die Er|zie|he|rin|nen
es
der **Esel**, die Esel
der **Es**|**ki**|**mo**, die Es|ki|mos
ess|**bar**
das **Es**|**sen**, die Es|sen
es|**sen**, du isst, sie aß
der **Es**|**sig**, die Es|si|ge
Est|**land**
die **Eta**|**ge**, die Eta|gen
die **Etap**|**pe**, die Etap|pen
das **Eti**|**kett**,
die Eti|ket|ten – Eti|ketts ❽
et|**wa**
et|**was**
die **EU** (Europäische Union)
euch
eu|**er**
eu|**re** – eue|re
die **Eu**|**le**, die Eu|len
der **Eu**|**ro**, die Eu|ros (z.B. 9 €)
Eu|**ro**|**pa**
eu|**ro**|**pä**|**isch**

das **Eu**|ter, die Eu|ter
evan|**ge**|**lisch**
das **Evan**|**ge**|**li**|**um**,
die Evan|ge|li|en
even|**tu**|**ell** (evtl.)
evtl. (eventuell)
ewig
exakt
das **Exa**|men, die Exa|men
das **Exemp**|**lar**, die Exemp|la|re
die **Exis**|**tenz**, die Exis|ten|zen
exis|**tie**|**ren**, du existierst
exo|tisch

die **Fa**|**bel**, die Fa|beln
fa|**bel**|**haft**
die **Fab**|**rik**, die Fab|ri|ken
das **Fach**, die Fä|cher
die **Fa**|**ckel**, die Fa|ckeln
der **Fa**|**den**, die Fä|den
fä|**hig**
die **Fä**|**hig**|**keit**,
die Fä|hig|kei|ten

die **Ex**|**pe**|**di**|**ti**|**on**,
die Ex|pe|di|tio|nen
das **Ex**|**pe**|**ri**|**ment**,
die Ex|pe|ri|men|te ❶
ex|**pe**|**ri**|**men**|**tie**|**ren**,
du experimentierst
der **Ex**|**per**|**te**, die Ex|per|ten
die **Ex**|**per**|**tin**, die Ex|per|tin|nen
ex|**plo**|**die**|**ren**, es explodiert
die **Ex**|**plo**|**si**|**on**,
die Ex|plo|sio|nen
ext|**ra**
ext|**rem**

fahn|**den**, du fahndest
die **Fahn**|**dung**,
die Fahn|dun|gen
die **Fah**|**ne**, die Fah|nen
die **Fäh**|**re**, die Fäh|ren
fah|**ren**, du fährst, sie fuhr
das **Fahr**|**rad**, die Fahr|rä|der
du **fährst** ◁ fahren ❹
die **Fahrt**, die Fahr|ten

93

die **Fähr**|te, die Fähr|ten

das **Fahr**|zeug, die Fahr|zeu|ge

fair

die **Fair**|ness

der **Fal**|ke, die Fal|ken

der **Fak**|tor, die Fak|to|ren

der **Fall**, die Fäl|le

die **Fal**|le, die Fal|len

fal|len, du fällst, er fiel

fäl|len, du fällst

falls

du **fällst** ◁ fallen

der **Fall**|schirm,
die Fall|schir|me

falsch

fäl|schen, du fälschst

die **Fal**|te, die Fal|ten

fal|ten, du faltest

der **Fal**|ter, die Fal|ter

fal|tig

die **Fa**|mi|lie, die Fa|mi|li|en

der **Fan**, die Fans

er **fand** ◁ finden

fan|gen, du fängst,
sie fing

du **fängst** ◁ fangen

die **Fan**|ta|sie – Phan|ta|sie,
die Fan|ta|sien –
Phan|ta|sien

fan|tas|tisch –
phan|tas|tisch

die **Far**|be, die Far|ben

fär|ben, du färbst ❹

far|big

die **Farm**, die Far|men

der **Farn**, die Far|ne

der **Fa**|sching

die **Fa**|ser, die Fa|sern

das **Fass**, die Fäs|ser

fas|sen, du fasst

die **Fas**|sung, die Fas|sun|gen

fast

fas|ten, du fastest

das **Fast Food** – Fast|food

die **Fast**|nacht

fau|chen, du fauchst

faul

fau|len, es fault

die **Faul**|heit

fau|len|zen, du faulenzt

die **Faust**, die Fäus|te

der **Fa**|vo|rit, die Fa|vo|ri|ten

die **Fa**|vo|ri|tin,
die Fa|vo|ri|tin|nen

das **Fax**, die Fa|xe

die **Fa**|xen

der **Feb**|ru|ar ❶

fech|ten, du fichtst, sie focht

die **Fe|der**, die Fe|dern

die **Fee**, die Fe|en

fe|gen, du fegst

feh|len, du fehlst

der **Feh|ler**, die Feh|ler

feh|ler|frei

die **Fei|er**, die Fei|ern

fei|er|lich

fei|ern, du feierst

feig – fei|ge

die **Fei|ge**, die Fei|gen

der **Feig|ling**, die Feig|lin|ge

fei|len, du feilst

fein

der **Feind**, die Fein|de

die **Fein|din**, die Fein|din|nen

feind|lich

das **Feld**, die Fel|der

die **Fel|ge**, die Fel|gen

das **Fell**, die Fel|le

der **Fels** – Fel|sen, die Fel|sen

fel|sig ❻

der **Fen|chel**

das **Fens|ter**, die Fens|ter

die **Fe|ri|en**

das **Fer|kel**, die Fer|kel

fern

die **Fer|ne**, die Fer|nen

das **Fern|se|hen**

fern|se|hen, du siehst fern,
er sah fern

die **Fer|se**, die Fer|sen

fer|tig

die **Fes|sel**, die Fes|seln

fes|seln, du fesselst

fest

das **Fest**, die Fes|te

fest|lich

fett

fet|tig

der **Fet|zen**, die Fet|zen

feucht

die **Feuch|tig|keit**

das **Feu|er**, die Feu|er

die **Feu|er|wehr**,
die Feu|er|weh|ren

das **Feu|er|werk**,
die Feu|er|wer|ke

feu|rig

die **Fich|te**, die Fich|ten

du **fichtst** ◁ fechten

das **Fie|ber**, die Fie|ber

fieb|rig

er **fiel** ◁ fallen

fies

die **Fi|gur**, die Fi|gu|ren ❽

die **Fi|lia|le**, die Fi|lia|len

der **Film**, die Fil|me

filtern, du filterst
der Filz|stift, die Filz|stif|te
fi|nan|zie|ren,
du finanzierst
fin|den, du findest, er fand
sie fing ◁ fangen
der Fin|ger, die Fin|ger
Finn|land
fins|ter
die Fins|ter|nis,
die Fins|ter|nis|se
die Fir|ma, die Fir|men
die Fir|mung, die Fir|mun|gen
der Fisch, die Fi|sche
fit, fitter, am fittesten
die Fit|ness
fitter, am fittesten ◁ fit
fix
flach
die Flä|che, die Flä|chen
fla|ckern, es flackert
der Fla|den, die Fla|den
die Flag|ge, die Flag|gen ❶
der Fla|min|go, die Fla|min|gos
die Flam|me, die Flam|men
die Fla|sche, die Fla|schen
flat|tern, es flattert
flau
flau|mig

flech|ten, du flichtst,
er flocht
der Fleck, die Fle|cken
fle|ckig
die Fle|der|maus,
die Fle|der|mäu|se
fle|hen, du flehst
das Fleisch
der Fleiß
flei|ßig
du flichtst ◁ flechten
fli|cken, du flickst
der Flie|der, die Flie|der
die Flie|ge, die Flie|gen
flie|gen, du fliegst, sie flog
flie|hen, du fliehst, er floh
die Flie|se, die Flie|sen
flie|ßen, es fließt, es floss
flim|mern, es flimmert
flink
flit|zen, du flitzt
er flocht ◁ flechten
die Flo|cke, die Flo|cken
sie flog ◁ fliegen
der Floh, die Flö|he
er floh ◁ fliehen
das Floß, die Flö|ße ❽
es floss ◁ fließen
die Flos|se, die Flos|sen

die **Flö**|**te**, die Flö|ten

der **Fluch**, die Flü|che

flu|**chen**, du fluchst

die **Flucht**, die Fluch|ten

flüch|**ten**, du flüchtest

der **Flücht**|**ling**, die Flücht|lin|ge

der **Flug**, die Flü|ge

der **Flü**|**gel**, die Flü|gel

flüg|**ge**

das **Flug**|**zeug**, die Flug|zeu|ge

der **Flur**, die Flu|re

der **Fluss**, die Flüs|se

flüs|**sig**

die **Flüs**|**sig**|**keit**,

die Flüs|sig|kei|ten

flüs|**tern**, du flüsterst

die **Flut**, die Flu|ten

der **Fly**|**er**, die Fly|er

sie **focht** ◁ fechten

das **Foh**|**len**, die Foh|len

der **Föhn**, die Föh|ne

die **Fol**|**ge**, die Fol|gen

fol|**gen**, du folgst

die **Fo**|**lie**, die Fo|li|en

fol|**tern**, es wird gefoltert

for|**dern**, du forderst

för|**dern**, du förderst

die **Fo**|**rel**|**le**, die Fo|rel|len

die **Form**, die For|men

for|**men**, du formst

das **For**|**mu**|**lar**, die For|mu|la|re

for|**schen**, du forschst

die **For**|**schung**,

die For|schun|gen

fort

der **Fort**|**schritt**,

die Fort|schrit|te

fort|**schritt**|**lich**

die **Fort**|**set**|**zung**,

die Fort|set|zun|gen

das **Fo**|**to**, die Fo|tos

die **Fo**|**to**|**gra**|**fie**,

die Fo|to|gra|fi|en ❶

fo|**to**|**gra**|**fie**|**ren**,

du fotografierst

die **Fo**|**to**|**ko**|**pie**,

die Fo|to|ko|pi|en

das **Foul**, die Fouls

der **Frach**|**ter**, die Frach|ter

die **Fra**|**ge**, die Fra|gen

fra|**gen**, du fragst

das **Fra**|**ge**|**zei**|**chen**,

die Fra|ge|zei|chen

Frank|**reich**

das **Fran**|**zö**|**sisch**

es **fraß** ◁ fressen

die **Frau**, die Frau|en

frech

die **Frech|heit**, die Frech|hei|ten
    frei
    frei|hän|dig ❹
die **Frei|heit**, die Frei|hei|ten
    frei|lich
der **Frei|tag**, die Frei|ta|ge
    frei|tags
    frei|wil|lig
die **Frei|zeit**
    fremd
der **Frem|de**, die Frem|den
die **Frem|de**, die Frem|den
die **Fremd|spra|che**,
    die Fremd|spra|chen
    fres|sen, es frisst, es fraß
die **Freu|de**, die Freu|den
sich **freu|en**, du freust dich
der **Freund**, die Freun|de
die **Freun|din**, die Freun|din|nen
    freund|lich
die **Freund|schaft**,
    die Freund|schaf|ten
    freund|schaft|lich
der **Frie|de** – Frie|den,
    die Frie|den
der **Fried|hof**, die Fried|hö|fe
    fried|lich
    frie|ren, du frierst, sie fror
    frisch

    fri|sie|ren, du frisierst
es **frisst** ◁ fressen
die **Frist**, die Fris|ten
    frist|los
die **Fri|sur**, die Fri|su|ren
    froh
die **Fröh|lich|keit**
    fröh|lich
    fromm
    Fron|leich|nam
    fron|tal
sie **fror** ◁ frieren
der **Frosch**, die Frö|sche
der **Frost**, die Frös|te
    frös|teln, du fröstelst
    fros|tig
die **Frucht**, die Früch|te
    frucht|bar
    früh
    frü|her
    frü|hes|tens – frühs|tens
das **Früh|jahr**, die Früh|jah|re
der **Früh|ling**, die Früh|lin|ge
das **Früh|stück**, die Früh|stü|cke
der **Fuchs**, die Füch|se ❽
die **Fu|ge**, die Fu|gen
    füh|len, du fühlst
der **Füh|ler** (z.B. eines Käfers),
    die Füh|ler

sie **fuhr** ◁ fahren
füh|ren, du führst
fül|len, du füllst
der **Fül|ler** (Schreibgerät),
die Fül|ler
der **Fund**, die Fun|de
fünf
fünf|mal
fünf|zig ❻
der **Fun|ke** – Fun|ken,
die Fun|ken
fun|keln, es funkelt
funk|tio|nie|ren,
es funktioniert
für

die **Furcht**
furcht|bar
fürch|ten, du fürchtest
fürch|ter|lich
für|ei|nan|der ❸
der **Fuß**, die Fü|ße ❽
der **Fuß|ball**
der **Fuß|gän|ger**,
die Fuß|gän|ger
die **Fuß|gän|ge|rin**,
die Fuß|gän|ge|rin|nen
das **Fut|ter** ❺
fut|tern, du futterst
füt|tern, du fütterst
das **Fu|tur**

g (Gramm)
er **gab** ◁ geben
die **Ga|bel**, die Ga|beln ❶
der **Ga|bel|stap|ler**,
die Ga|bel|stap|ler
ga|ckern, es gackert
gaf|fen, du gaffst

der **Gag**, die Gags
gäh|nen, du gähnst
die **Ga|la|xie**, die Ga|la|xi|en
die **Gal|le**, die Gal|len
ga|lop|pie|ren,
es galoppiert ❶
es **galt** ◁ gelten

99

gam|meln, du gammelst
der **Gang**, die Gän|ge ❻
die **Gang|schal|tung**,
   die Gang|schal|tun|gen
die **Gans**, die Gän|se
das **Gän|se|blüm|chen**,
   die Gän|se|blüm|chen ❼
das **Gän|se|füß|chen**,
   die Gän|se|füß|chen
   ganz
   gänz|lich
   gar
die **Ga|ra|ge**, die Ga|ra|gen
die **Ga|ran|tie**, die Ga|ran|ti|en
   ga|ran|tie|ren,
   du garantierst
die **Gar|de|ro|be**,
   die Gar|de|ro|ben
die **Gar|di|ne**, die Gar|di|nen
der **Gar|ten**, die Gär|ten
der **Gärt|ner**, die Gärt|ner
die **Gärt|ne|rin**,
   die Gärt|ne|rin|nen
das **Gas**, die Ga|se
die **Gas|se**, die Gas|sen
der **Gast**, die Gäs|te ❹
die **Gast|stät|te**,
   die Gast|stät|ten
die **Gau|di**

der **Gaul**, die Gäu|le
der **Gau|men**, die Gau|men
der **Gau|ner**, die Gau|ner
die **Gau|ne|rin**,
   die Gau|ne|rin|nen
die **Ga|zel|le**, die Ga|zel|len
   GB (Gigabyte)
das **Ge|bäck**, die Ge|bä|cke
sie **ge|bar** ◁ gebären
die **Ge|bär|den|spra|che**,
   die Ge|bär|den|spra|chen
   ge|bä|ren, sie gebärt,
   sie gebar
das **Ge|bäu|de**, die Ge|bäu|de
   ge|ben, du gibst, er gab
das **Ge|bet**, die Ge|be|te
das **Ge|biet**, die Ge|bie|te
   ge|bil|det
das **Ge|bir|ge**, die Ge|bir|ge ❷
das **Ge|biss**, die Ge|bis|se
   ge|bis|sen ◁ beißen
   ge|blie|ben ◁ bleiben
   ge|blümt
   ge|bo|gen ◁ biegen
   ge|bo|ren
das **Ge|bot**, die Ge|bo|te
   ge|bo|ten ◁ bieten
   ge|bracht ◁ bringen
   ge|brannt ◁ brennen

ge|brau|chen,
du gebrauchst
ge|braucht
ge|brech|lich
ge|bro|chen ◁ brechen
die Ge|bühr, die Ge|büh|ren
ge|bun|den ◁ binden
die Ge|burt, die Ge|bur|ten
der Ge|burts|tag,
die Ge|burts|ta|ge
das Ge|büsch, die Ge|bü|sche
ge|dacht ◁ denken
das Ge|dächt|nis,
die Ge|dächt|nis|se
der Ge|dan|ke,
die Ge|dan|ken
ge|dei|hen, es gedeiht,
es gedieh
das Ge|dicht, die Ge|dich|te
es gedieh ◁ gedeihen
das Ge|drän|ge
ge|dro|schen ◁ dreschen
ge|druckt ◁ drucken
die Ge|duld
ge|dul|dig
ge|durft ◁ dürfen
ge|eig|net ◁ eignen
die Ge|fahr, die Ge|fah|ren
ge|fähr|lich

ge|fal|len, du gefällst,
es gefiel
du ge|fällst ◁ gefallen
ge|fäl|ligst
ge|fan|gen
das Ge|fäng|nis,
die Ge|fäng|nis|se ❼
das Ge|fäß, die Ge|fä|ße
das Ge|fie|der, die Ge|fie|der ❷
es ge|fiel ◁ gefallen
ge|floch|ten ◁ flechten
ge|flo|gen ◁ fliegen
ge|flo|hen ◁ fliehen
ge|flos|sen ◁ fließen
das Ge|flü|gel
ge|frä|ßig
ge|frie|ren, es gefriert,
es gefror
es ge|fror ◁ gefrieren
das Ge|fühl, die Ge|füh|le
ge|fun|den ◁ finden
ge|gan|gen ◁ gehen
ge|gen
die Ge|gend,
die Ge|gen|den ❻
ge|gen|ei|nan|der
der Ge|gen|satz,
die Ge|gen|sät|ze
ge|gen|sei|tig

101

der **Ge|gen|stand**,
   die Ge|gen|stän|de
das **Ge|gen|teil**,
   die Ge|gen|tei|le
   ge|gen|über
die **Ge|gen|wart**
   ge|glit|ten ◁ gleiten
der **Geg|ner**, die Geg|ner
die **Geg|ne|rin**,
   die Geg|ne|rin|nen
   ge|gol|ten ◁ gelten
   ge|gos|sen ◁ gießen
   ge|grif|fen ◁ greifen
   ge|habt ◁ haben
das **Ge|halt**, die Ge|häl|ter
   ge|han|gen ◁ hängen
   ge|häs|sig
das **Ge|häu|se**, die Ge|häu|se
das **Ge|he|ge**, die Ge|he|ge
   ge|heim
das **Ge|heim|nis**,
   die Ge|heim|nis|se
   ge|heim|nis|voll
   ge|hen, du gehst, er ging
   ge|heu|er
das **Ge|hirn**, die Ge|hir|ne
   ge|ho|ben ◁ heben
   ge|hol|fen ◁ helfen
das **Ge|hör**

   ge|hor|chen, du gehorchst
   ge|hö|ren, es gehört
   ge|hör|los
   ge|hor|sam
der **Geh|steig**, die Geh|stei|ge
der **Gei|er**, die Gei|er
die **Gei|ge**, die Gei|gen ❶
die **Gei|sel**, die Gei|seln
der **Geist**, die Geis|ter
   geis|tig
der **Geiz**
der **Geiz|hals**, die Geiz|häl|se
   gei|zig
   ge|kannt ◁ kennen ❺
   ge|klun|gen ◁ klingen
   ge|knif|fen ◁ kneifen
   ge|konnt ◁ können
das **Ge|läch|ter**,
   die Ge|läch|ter ❹
   ge|lähmt
das **Ge|län|de**, die Ge|län|de
das **Ge|län|der**, die Ge|län|der
 es **ge|lang** ◁ gelingen
   ge|las|sen
   ge|launt
   gelb
das **Geld**, die Gel|der
die **Geld|bör|se**,
   die Geld|bör|sen

das **Ge|lee**, die Ge|lees
ge|le|gen ◁ liegen
die **Ge|le|gen|heit**,
die Ge|le|gen|hei|ten
ge|le|gent|lich
ge|lehrt ◁ lehren
das **Ge|lenk**, die Ge|len|ke
ge|len|kig
ge|liebt ◁ lieben
ge|lie|hen ◁ leihen
ge|lin|gen, es gelingt,
es gelang
ge|lit|ten ◁ leiden
ge|lockt
ge|lo|gen ◁ lügen
gel|ten, es gilt, es galt
ge|lun|gen ◁ gelingen
ge|mäch|lich
das **Ge|mäl|de**, die Ge|mäl|de
ge|mein
die **Ge|mein|de**,
die Ge|mein|den
die **Ge|mein|heit**,
die Ge|mein|hei|ten
ge|mein|sam
die **Ge|mein|schaft**,
die Ge|mein|schaf|ten
ge|mie|den ◁ meiden
ge|mocht ◁ mögen

ge|mol|ken ◁ melken
das **Ge|mur|mel**
das **Ge|mü|se**
ge|musst ◁ müssen
ge|mus|tert
ge|müt|lich
ge|nannt ◁ nennen
ge|nau
die **Ge|nau|ig|keit**
ge|nau|so
ge|neh|mi|gen,
du genehmigst
die **Ge|ne|ra|ti|on**,
die Ge|ne|ra|tio|nen
der **Ge|ne|ra|tor**,
die Ge|ne|ra|to|ren
ge|ni|al
das **Ge|nick**, die Ge|ni|cke
sich **ge|nie|ren**, du genierst dich
ge|nie|ßen, du genießt,
er genoss
der **Ge|ni|tiv**
ge|nom|men ◁ nehmen
er **ge|noss** ◁ genießen
ge|nos|sen ◁ genießen
ge|nug
ge|nü|gend
der **Ge|nuss**, die Ge|nüs|se
die **Geo|met|rie**

103

das **Ge**|**päck**

der **Ge**|**pard**, die Ge|par|den

   ge|**passt** ◁ passen

   ge|**pfif**|**fen** ◁ pfeifen

   ge|**presst** ◁ pressen

   ge|**punk**|**tet**

   ge|**quol**|**len** ◁ quellen

   ge|**ra**|**de** ❶

   ge|**ra**|**de**|**aus**

   ge|**rannt** ◁ rennen

das **Ge**|**rät**, die Ge|rä|te

   ge|**ra**|**ten**, du gerätst,

   sie geriet

  du **ge**|**rätst** ◁ geraten

   ge|**räu**|**mig**

das **Ge**|**räusch**, die Ge|räu|sche

   ge|**recht**

die **Ge**|**rech**|**tig**|**keit**

das **Ge**|**richt**, die Ge|rich|te

   ge|**rie**|**ben** ◁ reiben

  sie **ge**|**riet** ◁ geraten

   ge|**ring**

   ge|**rin**|**gelt**

das **Ge**|**rip**|**pe**, die Ge|rip|pe

   ge|**ris**|**sen** ◁ reißen

   ge|**rit**|**ten** ◁ reiten

   gern – ger|ne

   ge|**ro**|**chen** ◁ riechen

das **Ge**|**röll**

   ge|**ron**|**nen** ◁ rinnen ❺

die **Gers**|**te**

der **Ge**|**ruch**, die Ge|rü|che

das **Ge**|**rücht**, die Ge|rüch|te

das **Ge**|**rüm**|**pel**

   ge|**run**|**gen** ◁ ringen

das **Ge**|**rüst**, die Ge|rüs|te

   ge|**samt**

   ge|**sandt** ◁ senden

der **Ge**|**sang**, die Ge|sän|ge

das **Ge**|**schäft**, die Ge|schäf|te

   ge|**schäft**|**lich**

  es **ge**|**schah** ◁ geschehen

   ge|**sche**|**hen**, es geschieht,

   es geschah

   ge|**scheit**

das **Ge**|**schenk**, die Ge|schen|ke

die **Ge**|**schich**|**te**,

   die Ge|schich|ten

die **Ge**|**schick**|**lich**|**keit**

   ge|**schickt**

   ge|**schie**|**den** ◁ scheiden

  es **ge**|**schieht** ◁ geschehen

   ge|**schie**|**nen** ◁ scheinen

das **Ge**|**schirr**, die Ge|schir|re

das **Ge**|**schlecht**,

   die Ge|schlech|ter

   ge|**schli**|**chen** ◁ schleichen

   ge|**schlif**|**fen** ◁ schleifen

ge|schlos|sen ◁ schließen

der **Ge|schmack**,

die Ge|schmä|cker

ge|schmack|los

ge|schmack|voll

ge|schmei|dig

ge|schmol|zen ◁ schmelzen

das **Ge|schnat|ter**

ge|schnit|ten ◁ schneiden

ge|scho|ben ◁ schieben

ge|schockt

das **Ge|schöpf**, die Ge|schöp|fe

ge|scho|ren ◁ scheren

ge|schos|sen ◁ schießen

das **Ge|schrei**

ge|schrie|ben ◁ schreiben

ge|schrien ◁ schreien

das **Ge|schwätz**

ge|schwie|gen ◁ schweigen

die **Ge|schwin|dig|keit**,

die Ge|schwin|dig|kei|ten ❼

ge|schwind ❻

die **Ge|schwis|ter**

ge|schwol|len ◁ schwellen

ge|schwom|men

◁ schwimmen

ge|schwo|ren ◁ schwören

ge|schwun|gen ◁ schwingen

das **Ge|schwür**, die Ge|schwü|re

ge|se|hen ◁ sehen

der **Ge|sel|le**, die Ge|sel|len

ge|sel|lig

die **Ge|sel|lig|keit**

die **Ge|sel|lin**,

die Ge|sel|lin|nen

die **Ge|sell|schaft**,

die Ge|sell|schaf|ten

ge|sen|det ◁ senden

das **Ge|setz**, die Ge|set|ze

ge|setz|lich

das **Ge|sicht**, die Ge|sich|ter

ge|sof|fen ◁ saufen

ge|spannt

das **Ge|spenst**, die Ge|spens|ter

ge|spens|tisch

ge|spon|nen ◁ spinnen

das **Ge|spräch**, die Ge|sprä|che

ge|sprä|chig ❹

ge|spro|chen ◁ sprechen

ge|sprun|gen ◁ springen

die **Ge|stalt**, die Ge|stal|ten

ge|stal|ten, du gestaltest

er ge|stand ◁ gestehen

ge|stan|den ◁ gestehen

das **Ge|ständ|nis**,

die Ge|ständ|nis|se

der **Ge|stank**

ge|stat|ten, du gestattest

ge|ste|hen, du gestehst,
er gestand

das **Ge|stell**, die Ge|stel|le

ges|tern

ge|stie|gen ◁ steigen

das **Ge|stö|ber**

ge|sto|chen ◁ stechen

ge|stoh|len ◁ stehlen ❽

ge|stor|ben ◁ sterben

ge|streift

ge|stri|chen ◁ streichen

das **Ge|strüpp**, die Ge|strüp|pe

ge|stun|ken ◁ stinken

ge|sund, gesünder,
am gesündesten ❻

ge|sün|der,
am gesündesten ◁ gesund

die **Ge|sund|heit**

ge|sun|gen ◁ singen

ge|sun|ken ◁ sinken

ge|tan ◁ tun

das **Ge|tränk**, die Ge|trän|ke

das **Ge|trei|de**

ge|trie|ben ◁ treiben

ge|trof|fen ◁ treffen

ge|trun|ken ◁ trinken

das **Ge|wächs**, die Ge|wäch|se

die **Ge|walt**, die Ge|wal|ten

ge|wal|tig

das **Ge|wand**, die Ge|wän|der

ge|wandt

er ge|wann ◁ gewinnen

das **Ge|wäs|ser**, die Ge|wäs|ser

das **Ge|wehr**, die Ge|weh|re

das **Ge|weih**, die Ge|wei|he ❷

das **Ge|wer|be**, die Ge|wer|be

die **Ge|werk|schaft**,
die Ge|werk|schaf|ten

ge|we|sen ◁ sein ❶

das **Ge|wicht**, die Ge|wich|te

das **Ge|wim|mel**

der **Ge|winn**, die Ge|win|ne

ge|win|nen, du gewinnst,
er gewann

ge|wiss

das **Ge|wis|sen**

ge|wis|sen|haft

das **Ge|wit|ter**, die Ge|wit|ter

ge|wit|tern, es gewittert

ge|wo|gen ◁ wiegen

ge|wöh|nen, du gewöhnst

die **Ge|wohn|heit**,
die Ge|wohn|hei|ten ❼

ge|wöhn|lich

ge|wohnt

ge|wöhnt

ge|wölbt

ge|wollt ◁ wollen

ge|won|nen ◁ gewinnen
ge|wor|ben ◁ werben
ge|wor|den ◁ werden
ge|wor|fen ◁ werfen
das Ge|würz, die Ge|wür|ze
ge|wusst ◁ wissen
ge|zackt
die Ge|zei|ten
ge|zo|gen ◁ ziehen
ge|zwun|gen ◁ zwingen
du gibst ◁ geben
der Gie|bel, die Gie|bel
gie|rig
gie|βen, du gießt, es goss ❽
die Gieß|kan|ne,
die Gieß|kan|nen
das Gift, die Gif|te
gif|tig
das Gi|ga|byte (z.B. 2 GB),
die Gi|ga|byte – Gi|ga|bytes
es gilt ◁ gelten
er ging ◁ gehen
der Gip|fel, die Gip|fel
der Gips
die Gi|raf|fe, die Gi|raf|fen
die Gir|lan|de, die Gir|lan|den
die Gi|tar|re, die Gi|tar|ren
das Git|ter, die Git|ter
der Glanz

glän|zen, es glänzt
das Glas, die Glä|ser
der Glas|con|tai|ner,
die Glas|con|tai|ner
die Gla|sur, die Gla|su|ren
glatt
die Glät|te
die Glat|ze, die Glat|zen ❺
der Glau|be
glau|ben, du glaubst
gläu|big ❹
gleich
das Gleich|ge|wicht,
die Gleich|ge|wich|te
gleich|mä|βig
gleich|zei|tig ❸
das Gleis, die Glei|se
glei|ten, du gleitest, sie glitt
der Glet|scher, die Glet|scher
das Glied, die Glie|der
glie|dern, du gliederst
glimpf|lich
glit|schig
sie glitt ◁ gleiten
glit|zern, es glitzert
der Glo|bus,
die Glo|bus|se – Glo|ben
die Glo|cke, die Glo|cken
glot|zen, du glotzt

das **Glück**

    glu|ckern, es gluckert

    glück|lich

der **Glück|wunsch**,

    die Glück|wün|sche

    glü|hen, es glüht

die **Glut**, die Glu|ten

die **Gna|de**

    gnä|dig

die **Gnoc|chi**

der **Go|ckel**, die Go|ckel

der **Go|kart**, die Go|karts

das **Gold**

    gol|den

    gol|dig

das **Golf** (Golfspiel)

der **Golf** (z.B. Golf von Mexiko),

    die Gol|fe

die **Gon|del**, die Gon|deln

der **Gong**, die Gongs

    gön|nen, du gönnst

 es **goss** ◁ gießen

der **Gott**, die Göt|ter

die **Göt|tin**, die Göt|tin|nen

das **Grab**, die Grä|ber ❻

der **Gra|ben**, die Grä|ben

    gra|ben, du gräbst,

    er grub

  du **gräbst** ◁ graben

der **Grad** (z.B. 3 °Celsius),

    die Gra|de

das **Gramm** (z.B. 100 g),

    die Gramm

die **Gram|ma|tik**,

    die Gram|ma|ti|ken

    gran|tig

die **Grape|fruit**, die Grape|fruits

das **Gras**, die Grä|ser ❹

    gräss|lich

der **Grat** (z.B. der Berggrat),

    die Gra|te

die **Grä|te**, die Grä|ten

    gra|tis

    gra|tu|lie|ren,

    du gratulierst ❷

    grau

der **Gräu|el**, die Gräu|el

    grau|en, es graut

    grau|en|haft

    gräu|lich

    grau|sam

sich **grau|sen**,

    es graust mir – mich

    grau|sig

    grei|fen, du greifst, sie griff

der **Greis**, die Grei|se

die **Grei|sin**, die Grei|sin|nen

    grell

die **Gren**|**ze**, die Gren|zen
Grie|**chen**|**land**
der **Grieß**|**brei**, die Grieß|breie
der **Griff**, die Grif|fe
sie **griff** ◁ greifen
der **Grill**, die Grills
die **Gril**|**le**, die Gril|len
gril|**len**, du grillst
die **Gri**|**mas**|**se**, die Gri|mas|sen
grim|**mig**
grin|**sen**, du grinst
die **Grip**|**pe**
grob, gröber, am gröbsten
grö|**ber**, am gröbsten ◁ grob
grol|**len**, du grollst
groß, größer, am größten
Groß|**bri**|**tan**|**ni**|**en**
die **Grö**|**ße**, die Grö|ßen ❼
die **Groß**|**el**|**tern**
grö|**ßer**, am größten ◁ groß
er **grub** ◁ graben
die **Gru**|**be**, die Gru|ben
grü|**beln**, du grübelst
grün
der **Grund**, die Grün|de
grün|**den**, du gründest
gründ|**lich**
der **Grund**|**riss**, die Grund|ris|se
grund|**sätz**|**lich** ❸

die **Grund**|**schu**|**le**,
die Grund|schu|len
grun|**zen**, du grunzt
die **Grup**|**pe**, die Grup|pen
sich **gru**|**seln**, es gruselt mich
der **Gruß**, die Grü|ße ❽
grü|**ßen**, du grüßt
gu|**cken**, du guckst
die **Gül**|**le**
gül|**tig**
der **Gum**|**mi** – das Gum|mi,
die Gum|mis ❺
der **Gum**|**mi**|**twist** –
das Gum|mi|twist
güns|**tig**
gur|**geln**, du gurgelst
die **Gur**|**ke**, die Gur|ken ❶
gur|**ren**, sie gurrt
der **Gurt**, die Gur|te
der **Gür**|**tel**, die Gür|tel
der **Guss**, die Güs|se
gut, besser, am besten
das **Gut**, die Gü|ter
das **Gu**|**te**
die **Gü**|**te**
gut|**mü**|**tig**
das **Gym**|**na**|**si**|**um**,
die Gym|na|si|en
die **Gym**|**nas**|**tik**

A B C D E F G H I J K L M N O P Q R S T U V W X Y Z

h (Stunde)

das **Haar**, die Haa|re

haa|rig

ha|ben, du hast, er hatte

hab|gie|rig

der **Ha|bicht**, die Ha|bich|te

die **Ha|cke**, die Ha|cken

ha|cken, du hackst

der **Ha|fen**, die Hä|fen

der **Ha|fer**

die **Haft**

der **Häft|ling**, die Häft|lin|ge

haf|ten, du haftest

die **Ha|ge|but|te**,

die Ha|ge|but|ten ❶

der **Ha|gel**

ha|geln, es hagelt

der **Hahn**, die Häh|ne

der **Hai**, die Haie

hä|keln, du häkelst

der **Ha|ken**, die Ha|ken

halb ❻

hal|bie|ren, du halbierst

die **Halb|zeit**, die Halb|zei|ten

sie **half** ◁ helfen

die **Hälf|te**, die Hälf|ten

die **Hal|le**, die Hal|len

hal|lo

der **Halm**, die Hal|me

der **Hals**, die Häl|se

halt|ma|chen – Halt

ma|chen, du machst halt –

du machst Halt

halt|bar

hal|ten, du hältst,

sie hielt

du **hältst** ◁ halten

die **Hal|te|stel|le**,

die Hal|te|stel|len

die **Hal|tung**, die Hal|tun|gen

Ham|burg

der **Ham|bur|ger**,

die Ham|bur|ger

hä|misch

der **Ham|mel**, die Ham|mel

der **Ham|mer**, die Häm|mer

häm|mern, du hämmerst

ham|peln, du hampelst

der **Hams|ter**, die Hams|ter

die **Hand**, die Hän|de ❻

der **Han|del**

han|deln, du handelst

der **Händ|ler**, die Händ|ler

die **Händ|le|rin**,
die Händ|le|rin|nen

die **Hand|lung**, die Hand|lun|gen

die **Hand|schrift**,
die Hand|schrif|ten

der **Hand|wer|ker**,
die Hand|wer|ker

die **Hand|wer|ke|rin**,
die Hand|wer|ke|rin|nen

das **Han|dy**, die Han|dys

der **Hang**, die Hän|ge
hän|gen, du hängst,
er hing – hängte
hän|seln, du hänselst

der **Hap|pen**, die Hap|pen
hap|py

das **Hap|py End** – Hap|py|end,
die Hap|py Ends –
Hap|py|ends

die **Hard|ware**, die Hard|wares

die **Har|ke**, die Har|ken
harm|los

die **Har|pu|ne**, die Har|pu|nen
hart, härter, am härtesten
här|ter, am härtesten
◁ hart
hart|nä|ckig

das **Harz**, die Har|ze

der **Ha|se**, die Ha|sen

die **Ha|sel|nuss**,
die Ha|sel|nüs|se

der **Hass**
has|sen, du hasst
häss|lich

du **hast** ◁ haben
has|tig ❻

er **hat** ◁ haben

er **hat|te** ◁ haben
hau|chen, du hauchst
hau|en, du haust

der **Hau|fen**, die Hau|fen
häu|fig

das **Haupt**, die Häup|ter

der **Häupt|ling**,
die Häupt|lin|ge ❹

die **Haupt|sa|che**,
die Haupt|sa|chen

die **Haupt|schu|le**,
die Haupt|schu|len

das **Haus**, die Häu|ser
nach **Hau|se** – nach|hau|se
zu **Hau|se** – zu|hau|se

der **Haus|halt**, die Haus|hal|te

die **Haut**, die Häu|te

die **Ha|xe**, die Ha|xen

die **Heb|am|me**,
die Heb|am|men

der **He|bel**, die He|bel

111

A
B
C
D
E
F
G
H
I
J
K
L
M
N
O
P
Q
R
S
T
U
V
W
X
Y
Z

he|ben, du hebst, sie hob

der **Hecht**, die Hech|te

die **He**|**cke**, die He|cken

das **Heer**, die Hee|re

die **He**|**fe**, die He|fen

das **Heft**, die Hef|te

hef|tig

die **Hei**|**de**, die Hei|den

die **Hei**|**del**|**bee**|**re**,
die Hei|del|bee|ren

heil

hei|len, es heilt

hei|lig ❻

der **Hei**|**lig**|**abend** – Hei|li|ger
Abend

Hei|**li**|**ge Drei Kö**|**ni**|**ge**

heim

das **Heim**, die Hei|me

die **Hei**|**mat**, die Hei|ma|ten

heim|lich

das **Heim**|**weh**

hei|ra|ten, du heiratest

hei|ser

heiß

hei|ßen, du heißt, er hieß

hei|ter

hei|zen, du heizt

die **Hei**|**zung**, die Hei|zun|gen

der **Held**, die Hel|den

die **Hel**|**din**, die Hel|din|nen

hel|fen, du hilfst, sie half

hell

die **Hel**|**lig**|**keit**

der **Helm**, die Hel|me

das **Hemd**, die Hem|den ❻

die **Hem**|**mung**,
die Hem|mun|gen

der **Hengst**, die Hengs|te

der **Hen**|**kel**, die Hen|kel

die **Hen**|**ne**, die Hen|nen

her

he|rab

he|rauf

he|raus

her|bei

die **Her**|**ber**|**ge**, die Her|ber|gen

der **Herbst**, die Herbs|te

der **Herd**, die Her|de

die **Her**|**de**, die Her|den

he|rein

der **He**|**ring**, die He|rin|ge

der **Herr**, die Her|ren

die **Her**|**rin**, die Her|rin|nen

herr|lich

herr|schen, du herrschst

her|stel|len, du stellst her

he|rü|ber

he|rum

he|run|ter
her|vor
her|vor|ra|gend
das **Herz**, die Her|zen
herz|lich
Hes|sen
die **Het|ze**
het|zen, du hetzt
das **Heu**
heu|cheln, du heuchelst
heu|len, du heulst
die **Heu|schre|cke**,
die Heu|schre|cken
heu|te
die **He|xe**, die He|xen
sie **hielt** ◁ halten
hier
hier|her
die **Hie|ro|gly|phe**,
die Hie|ro|gly|phen
er **hieß** ◁ heißen
die **Hil|fe**, die Hil|fen
hilf|los
hilfs|be|reit
du **hilfst** ◁ helfen
die **Him|bee|re**, die Him|bee|ren
der **Him|mel**, die Him|mel ❺
himm|lisch
hin

hi|nab
hi|nauf
hi|naus
das **Hin|der|nis**,
die Hin|der|nis|se
hi|nein
er **hing** ◁ hängen
hin|ken, du hinkst
hin|ten
hin|ter
hin|ter|ei|nan|der
der **Hin|ter|grund**,
die Hin|ter|grün|de
hin|ter|her
hin|ter|lis|tig
der **Hin|tern**, die Hin|tern
hin|ter|rücks
hi|nü|ber
hi|nun|ter
der **Hin|weis**, die Hin|wei|se
der **Hip-Hop** – Hip|hop
das **Hirn**, die Hir|ne
der **Hirsch**, die Hir|sche
der **Hit**, die Hits
die **Hit|ze**
hit|ze|frei
sie **hob** ◁ heben
das **Hob|by**, die Hob|bys
der **Ho|bel**, die Ho|bel

hoch, höher, am höchsten

höchs|tens

die Hoch|zeit, die Hoch|zei|ten

die Ho|cke, die Ho|cken

ho|cken, du hockst

das Ho|ckey

der Ho|den, die Ho|den

der Hof, die Hö|fe

hof|fen, du hoffst

hof|fent|lich

die Hoff|nung, die Hoff|nun|gen

höf|lich

die Höf|lich|keit,
die Höf|lich|kei|ten

die Hö|he, die Hö|hen

hö|her, am höchsten ◁ hoch

hohl

die Höh|le, die Höh|len

höh|nisch

der Ho|kus|po|kus

ho|len, du holst

Hol|land

die Höl|le, die Höl|len

höl|lisch

hol|pe|rig – holp|rig

das Holz, die Höl|zer

die Home|page,
die Home|pa|ges

der Ho|nig, die Ho|ni|ge

hopp

hop|peln, du hoppelst

hopp|la

hop|sen, du hopst

hör|bar

hor|chen, du horchst

hö|ren, du hörst

der Ho|ri|zont,
die Ho|ri|zon|te ❶

das Horn, die Hör|ner

das Hörn|chen, die Hörn|chen

die Hor|nis|se, die Hor|nis|sen

das Ho|ros|kop,
die Ho|ros|ko|pe ❶

der Hort, die Hor|te

die Ho|se, die Ho|sen

das Hos|pi|tal, die Hos|pi|tä|ler

die Hos|tie, die Hos|ti|en ❶

der Hot|dog – Hot Dog,
die Hot|dogs – Hot Dogs

das Ho|tel, die Ho|tels

die Hot|line, die Hot|lines

hübsch

der Hub|schrau|ber,
die Hub|schrau|ber

hu|cke|pack

der Huf, die Hu|fe

die Hüf|te, die Hüf|ten

der Hü|gel, die Hü|gel

hü|ge|lig – hüg|lig
das **Huhn**, die Hüh|ner
die **Hül|le**, die Hül|len
die **Hum|mel**, die Hum|meln ❺
der **Hu|mor**
hum|peln, du humpelst
der **Hund**, die Hun|de
hun|dert
der **Hun|ger**
hung|rig
die **Hu|pe**, die Hu|pen
hu|pen, du hupst
hüp|fen, du hüpfst

der **IC** (Intercity), die ICs
der **ICE** (Intercityexpress),
die ICEs
ich
ide|al
die **Idee**, die Ide|en ❽
der **Idi|ot**, die Idio|ten
die **Idio|tin**, die Idio|tin|nen
der **Igel**, die Igel

die **Hür|de**, die Hür|den
hur|ra
hu|schen, du huschst
der **Hus|ten**
hus|ten, du hustest
der **Hut**, die Hü|te
hü|ten, du hütest
die **Hüt|te**, die Hüt|ten
die **Hya|zin|the**,
die Hya|zin|then ❽
der **Hyd|rant**, die Hyd|ran|ten
die **Hy|gie|ne**
hy|gie|nisch

das **Ig|lu**, die Ig|lus
ihm
ihn
ih|nen
ihr
ih|re
im
der **Im|biss**, die Im|bis|se
der **Im|ker**, die Im|ker

115

die **Im|ke|rin**, die Im|ke|rin|nen
    im|mer
der **Im|pe|ra|tiv**
    imp|fen, du wirst geimpft
die **Imp|fung**, die Imp|fun|gen
    im|po|nie|ren,
    du imponierst
    in
    in|dem
    in|des|sen
der **In|dia|ner**, die In|dia|ner ❷
die **In|dia|ne|rin**,
    die In|dia|ne|rin|nen
die **In|dus|trie**, die In|dus|tri|en
    in|ei|nan|der
die **In|fek|ti|on**,
    die In|fek|tio|nen
der **In|fi|ni|tiv**, die In|fi|ni|ti|ve
die **In|for|ma|ti|on**,
    die In|for|ma|tio|nen
    in|for|mie|ren, du informierst
der **In|ge|ni|eur**,
    die In|ge|ni|eu|re
die **In|ge|ni|eu|rin**,
    die In|ge|ni|eu|rin|nen
der **In|ha|ber**, die In|ha|ber
die **In|ha|be|rin**,
    die In|ha|be|rin|nen ❶
der **In|halt**, die In|hal|te

das **In|halts|ver|zeich|nis**,
    die In|halts|ver|zeich|nis|se
der **In|li|ner**, die In|li|ner
    in|nen
    in|ner|halb
    ins
das **In|sekt**, die In|sek|ten
die **In|sel**, die In|seln
das **In|se|rat**, die In|se|ra|te
    ins|ge|samt
    ins|tal|lie|ren, du installierst
der **Ins|tinkt**, die Ins|tink|te
das **Ins|ti|tut**, die Ins|ti|tu|te
das **Inst|ru|ment**,
    die Inst|ru|men|te
    in|tel|li|gent
die **In|tel|li|genz**
    in|ten|siv
    in|te|res|sant
das **In|te|res|se**,
    die In|te|res|sen
sich **in|te|res|sie|ren**,
    du interessierst dich
das **In|ter|nat**, die In|ter|na|te
    in|ter|na|tio|nal
das **In|ter|net**
das **In|ter|view**, die In|ter|views
    in|ter|vie|wen,
    du interviewst

die **Inu**|**it**
der **Inuk**, die Inu|it
in|**zwi**|**schen**
ir|**gend**|**et**|**was**
ir|**gend**|**wann**
ir|**gend**|**wie**
ir|**gend**|**wo**
Ir|**land**

ir|**ren**, du irrst
der **Irr**|**tum**, die Irr|tü|mer
der **Is**|**lam**
is|**la**|**misch**
iso|**lie**|**ren**, du isolierst
du **isst** ◁ essen
es **ist**, es war ◁ sein
Ita|**li**|**en** ❶

ja
die **Jacht** – Yacht,
die Jach|ten – Yach|ten
die **Ja**|**cke**, die Ja|cken
der **Jack**|**pot**, die Jack|pots
die **Jagd**, die Jag|den
ja|**gen**, du jagst
der **Ja**|**gu**|**ar**, die Ja|gu|are ❶
das **Jahr**, die Jah|re
das **Jahr**|**hun**|**dert**,
die Jahr|hun|der|te
jähr|**lich**
jäh|**zor**|**nig**
die **Ja**|**lou**|**sie**, die Ja|lou|si|en

jäm|**mer**|**lich**
jam|**mern**, du jammerst
der **Ja**|**nu**|**ar**
jap|**sen**, du japst
der **Jas**|**min**
jä|**ten**, du jätest
die **Jau**|**che**, die Jau|chen
jauch|**zen**, du jauchzt
jau|**len**, er jault
ja|**wohl**
der **Jazz**
je
die **Jeans**, die Jeans
je|**de**

je|der
je|des
je|den|falls
je|doch
der **Jeep**, die Jeeps
je|mals
je|mand
je|ne
je|ner
je|nes
jen|seits
Je|sus
der **Jet**, die Jets
jetzt
je|weils
der **Job**, die Jobs
job|ben, du jobbst
das **Jod**
jo|deln, du jodelst
das **Jo**|ga – der Jo|ga –
Yo|ga
jog|gen, du joggst
das **Jog**|ging
der **Jo**|ghurt –
das Jo|ghurt – Jo|gurt,
die Jo|ghurts – Jo|gurts
die **Jo**|han|nis|bee|re,
die Jo|han|nis|bee|ren ❷
joh|len, du johlst

das **Jo-Jo** – Yo-Yo,
die Jo-Jos – Yo-Yos
der **Jo**|ker, die Jo|ker
Jom Kip|pur
jong|lie|ren, du jonglierst
der **Jour**|na|list,
die Jour|na|lis|ten
die **Jour**|na|lis|tin,
die Jou|na|lis|tin|nen
der **Joy**|stick, die Joy|sticks
ju|beln, du jubelst
das **Ju**|bi|lä|um,
die Ju|bi|lä|en ❶
juch|zen, du juchzt
ju|cken, es juckt
der **Ju**|de, die Ju|den
die **Jü**|din, die Jü|din|nen
das **Ju**|do
die **Ju**|gend
die **Ju**|gend|her|ber|ge,
die Ju|gend|her|ber|gen
ju|gend|lich
ju|hu
der **Ju**|li
der **Jum**|bo, die Jum|bos
jung, jünger,
am jüngsten
das **Jun**|ge (Tierkind),
die Jun|gen

der **Jun|ge** (männliches Kind),
  die Jun|gen
  jün|ger, am jüngsten ◁ jung
der **Ju|ni**

der **Ju|pi|ter**
 die **Ju|ry**, die Ju|rys
das **Ju|wel**, die Ju|we|len
der **Jux**, die Ju|xe ❽

das **Ka|bel**, die Ka|bel
 die **Ka|bi|ne**, die Ka|bi|nen
 die **Ka|chel**, die Ka|cheln
der **Kä|fer**, die Kä|fer
der **Kaf|fee**
der **Kä|fig**, die Kä|fi|ge
  kahl
der **Kahn**, die Kä|hne
der **Kai** – Quai, die Kais – Quais
der **Kai|ser**, die Kai|ser
 die **Kai|se|rin**,
  die Kai|se|rin|nen
der **Ka|jak** – das Ka|jak,
  die Ka|jaks
der **Ka|ka|du**, die Ka|ka|dus
der **Ka|kao**
der **Kak|tus**, die Kak|te|en
das **Kalb**, die Käl|ber

der **Ka|len|der**, die Ka|len|der
der **Kalk**
 die **Ka|lo|rie**, die Ka|lo|ri|en
  kalt, kälter, am kältesten
 die **Käl|te** ❹
  käl|ter, am kältesten ◁ kalt
 er **kam** ◁ kommen
das **Ka|mel**, die Ka|me|le
 die **Ka|me|ra**, die Ka|me|ras ❶
der **Ka|me|rad**,
  die Ka|me|ra|den
 die **Ka|me|ra|din**,
  die Ka|me|ra|din|nen
 die **Ka|mil|le**, die Ka|mil|len
der **Ka|min**, die Ka|mi|ne
der **Kamm**, die Käm|me
  käm|men, du kämmst
 die **Kam|mer**, die Kam|mern

der **Kampf**, die Kämp|fe

kämp|fen, du kämpfst

der **Ka|nal**, die Ka|nä|le

der **Ka|na|ri|en|vo|gel**,

die Ka|na|ri|en|vö|gel ❶

der **Kan|di|dat**,

die Kan|di|da|ten

die **Kan|di|da|tin**,

die Kan|di|da|tin|nen

das **Kän|gu|ru**, die Kän|gu|rus

das **Ka|nin|chen**,

die Ka|nin|chen

der **Ka|nis|ter**, die Ka|nis|ter

er **kann** ◁ können

die **Kan|ne**, die Kan|nen

du **kannst** ◁ können

sie **kann|te** ◁ kennen

der **Ka|non**, die Ka|nons

die **Ka|no|ne**, die Ka|no|nen

die **Kan|te**, die Kan|ten

kan|tig

die **Kan|ti|ne**, die Kan|ti|nen

das **Ka|nu**, die Ka|nus

die **Kan|zel**, die Kan|zeln

der **Kanz|ler**, die Kanz|ler

die **Kanz|le|rin**,

die Kanz|le|rin|nen

die **Ka|pel|le**, die Ka|pel|len

ka|pie|ren, du kapierst

der **Ka|pi|tän**, die Ka|pi|tä|ne

die **Ka|pi|tä|nin**,

die Ka|pi|tä|nin|nen

das **Ka|pi|tel**, die Ka|pi|tel

die **Kap|pe**, die Kap|pen

die **Kap|sel**, die Kap|seln

ka|putt

die **Ka|pu|ze**, die Ka|pu|zen

das **Ka|ra|te**

die **Ka|ra|wa|ne**,

die Ka|ra|wa|nen

der **Kar|di|nal**, die Kar|di|nä|le

der **Kar|frei|tag**

ka|riert

die **Ka|ri|es**

der **Kar|ne|val**

das **Kar|ni|ckel**, die Kar|ni|ckel

das **Ka|ro**, die Ka|ros

die **Ka|rot|te**, die Ka|rot|ten ❺

der **Karp|fen**, die Karp|fen

die **Kar|re**, die Kar|ren

die **Kar|te**, die Kar|ten

die **Kar|tei**, die Kar|tei|en

die **Kar|tof|fel**, die Kar|tof|feln

der **Kar|ton**, die Kar|tons

das **Ka|rus|sell**, die Ka|rus|sells

der **Kä|se**

die **Ka|ser|ne**, die Ka|ser|nen

die **Kas|se**, die Kas|sen

kas|sie|ren, du kassierst

die **Kas|ta|nie**, die Kas|ta|ni|en

der **Kas|ten**, die Käs|ten

der **Ka|ta|log**, die Ka|ta|lo|ge

die **Ka|tast|ro|phe**,

    die Ka|tast|ro|phen ❷

    ka|tast|ro|phal

der **Ka|ter**, die Ka|ter

    ka|tho|lisch

die **Kat|ze**, die Kat|zen

    kau|en, du kaust

    kau|ern, du kauerst

    kau|fen, du kaufst

der **Käu|fer**, die Käu|fer

die **Käu|fe|rin**,

    die Käu|fe|rin|nen

der **Kau|gum|mi** –

    das Kau|gum|mi,

    die Kau|gum|mis

die **Kaul|quap|pe**,

    die Kaul|quap|pen

    kaum

der **Kauz**, die Käu|ze

    KB (Kilobyte)

der **Ke|bab**, die Ke|babs

der **Ke|gel**, die Ke|gel

    ke|geln, du kegelst

die **Keh|le**, die Keh|len

    keh|ren, du kehrst

    kei|fen, du keifst

der **Keil**, die Kei|le

der **Keim**, die Kei|me

    kei|men, es keimt

    kein

    kei|ne

    kei|ner

    kei|nes

    kei|nes|falls

    kei|nes|wegs

der **Keks** – das Keks,

    die Kek|se ❽

der **Kelch**, die Kel|che

die **Kel|le**, die Kel|len

der **Kel|ler**, die Kel|ler

    ken|nen, du kennst,

    sie kannte

    kenn|zeich|nen,

    du kennzeichnest

die **Ker|be**, die Ker|ben

der **Kerl**, die Ker|le

der **Kern**, die Ker|ne

das **Kern|kraft|werk**,

    die Kern|kraft|wer|ke

die **Ker|ze**, die Ker|zen

der **Kes|sel**, die Kes|sel

der **Ket|chup** – das Ket|chup –

    Ket|schup,

    die Ket|chups – Ket|schups

die **Ket**|**te**, die Ket|ten
keu|**chen**, du keuchst
die **Keu**|**le**, die Keu|len
das **Key**|**board**, die Key|boards
Kfz (Kraftfahrzeug)
kg (Kilogramm)
ki|**chern**, du kicherst
das **Kid**, die Kids
der **Kie**|**fer** (z.B. Unterkiefer),
die Kie|fer
die **Kie**|**fer** (Nadelbaumart),
die Kie|fern
der **Kiel**, die Kie|le
die **Kie**|**me**, die Kie|men
der **Kies**
der **Kie**|**sel**, die Kie|sel
das **Ki**|**lo**|**byte** (z.B. 2 KB),
die Ki|lo|byte – Ki|lo|bytes
das **Ki**|**lo**|**gramm** (z.B. 2 kg),
die Ki|lo|gramm
der **Ki**|**lo**|**me**|**ter** (z.B. 50 km),
die Ki|lo|me|ter
das **Kind**, die Kin|der
kind|**lich**
das **Kinn**, die Kin|ne
das **Ki**|**no**, die Ki|nos
der **Ki**|**osk**, die Ki|os|ke
kip|**pen**, du kippst
die **Kir**|**che**, die Kir|chen ❶

die **Kir**|**mes**
die **Kir**|**sche**, die Kir|schen
das **Kis**|**sen**, die Kis|sen ❺
die **Kis**|**te**, die Kis|ten
die **Ki**|**ta**, die Ki|tas
kit|**schig**
der **Kitt**
der **Kit**|**tel**, die Kit|tel
kit|**ze**|**lig** – kitz|lig
kit|**zeln**, du kitzelst
die **Ki**|**wi**, die Ki|wis
kläf|**fen**, er kläfft
die **Kla**|**ge**, die Kla|gen
kla|**gen**, du klagst
die **Klam**|**mer**, die Klam|mern
klam|**mern**, du klammerst
die **Kla**|**mot**|**te**, die Kla|mot|ten
der **Klang**, die Klän|ge
es **klang** ◁ klingen
die **Klap**|**pe**, die Klap|pen
klap|**pen**, es klappt
klap|**pern**, es klappert
der **Klaps**, die Klap|se
klar
die **Klär**|**an**|**la**|**ge**,
die Klär|an|la|gen
klä|**ren**, du klärst
die **Kla**|**ri**|**net**|**te**,
die Kla|ri|net|ten

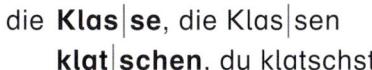

die **Klas**|**se**, die Klas|sen

klat|**schen**, du klatschst

die **Klaue**, die Klau|en

klau|**en**, du klaust

das **Kla**|**vier**, die Kla|vie|re

kle|**ben**, du klebst

kleb|**rig**

der **Kleb**|**stoff**, die Kleb|stof|fe

kle|**ckern**, du kleckerst

der **Klecks**, die Kle|ckse

kleck|**sen**, du kleckst

der **Klee**, die Klees

das **Kleid**, die Klei|der

die **Klei**|**dung**

klein

die **Klei**|**nig**|**keit**,

die Klei|nig|kei|ten

klein|**lich**

der **Kleis**|**ter**, die Kleis|ter

klem|**men**, es klemmt

der **Klemp**|**ner**, die Klemp|ner

die **Klemp**|**ne**|**rin**,

die Klemp|ne|rin|nen

die **Klet**|**te**, die Klet|ten

der **Klett**|**ver**|**schluss**,

die Klett|ver|schlüs|se

klet|**tern**, du kletterst

das **Kli**|**ma**,

die Kli|ma|ta – Kli|mas

der **Klimm**|**zug**, die Klimm|zü|ge

klim|**pern**, du klimperst

die **Klin**|**ge**, die Klin|gen

die **Klin**|**gel**, die Klin|geln

klin|**geln**, du klingelst

klin|**gen**, es klingt, es klang

die **Kli**|**nik**, die Kli|ni|ken

die **Klip**|**pe**, die Klip|pen

klir|**ren**, es klirrt

das **Klo**, die Klos

klop|**fen**, du klopfst

der **Klops**, die Klop|se

der **Kloß**, die Klö|ße

das **Klos**|**ter**, die Klös|ter

der **Klotz**, die Klöt|ze

der **Klub** – Club,

die Klubs – Clubs

klug, klüger, am klügsten

klü|**ger**, am klügsten ◁ klug

die **Klug**|**heit**

der **Klum**|**pen**, die Klum|pen

km (Kilometer)

knab|**bern**, du knabberst

der **Kna**|**be**, die Kna|ben

das **Knä**|**cke**|**brot**,

die Knä|cke|bro|te ❷

kna|**cken**, du knackst

der **Knall**, die Knal|le

knal|**len**, es knallt

knapp

knar|ren, es knarrt

knat|tern, es knattert

das **Knäu|el** – der Knäu|el,
die Knäu|el

knau|se|rig – knaus|rig

knau|sern, du knauserst

der **Kne|bel**, die Kne|bel

der **Knecht**, die Knech|te

knei|fen, du kneifst, er kniff

die **Knei|pe**, die Knei|pen

kne|ten, du knetest

kni|cken, du knickst

das **Knie**, die Knie

der **Kniff**, die Knif|fe

er **kniff** ◁ kneifen

knif|fe|lig – kniff|lig

knip|sen, du knipst

der **Knirps**, die Knirp|se

knir|schen, es knirscht

knis|tern, es knistert

knit|tern, es knittert

kno|beln, du knobelst

der **Knob|lauch**

der **Knö|chel**, die Knö|chel

der **Kno|chen**, die Kno|chen

der **Knö|del**, die Knö|del

die **Knol|le**, die Knol|len

der **Knopf**, die Knöp|fe

knöp|fen, du knöpfst

der **Knor|pel**, die Knor|pel

knor|rig

die **Knos|pe**, die Knos|pen

der **Kno|ten**, die Kno|ten

kno|ten, du knotest

knül|len, du knüllst

knüp|fen, du knüpfst

der **Knüp|pel**, die Knüp|pel

knur|ren, du knurrst

knus|pe|rig – knusp|rig

knut|schen, du knutschst

der **Koa|la**, die Koa|las

k. o.

der **Ko|bold**, die Ko|bol|de

die **Kob|ra**, die Kob|ras

der **Koch**, die Kö|che

die **Kö|chin**, die Kö|chin|nen

ko|chen, du kochst

der **Kode** – Code,
die Kodes – Codes

der **Kö|der**, die Kö|der

kö|dern, du köderst

der **Kof|fer**, die Kof|fer

der **Kohl**, die Koh|le

die **Koh|le**, die Koh|len

die **Koh|len|säu|re**

die **Ko|kos|nuss**,
die Ko|kos|nüs|se

der **Kol**|**ben**, die Kol|ben
der **Kol**|**le**|**ge**, die Kol|le|gen
die **Kol**|**le**|**gin**,
    die Kol|le|gin|nen
die **Ko**|**lon**|**ne**, die Ko|lon|nen
das **Ko**|**ma**,
    die Ko|mas – Ko|ma|ta
der **Kom**|**bi**, die Kom|bis
    kom|**bi**|**nie**|**ren**,
    du kombinierst
der **Ko**|**met**, die Ko|me|ten
    kom|**for**|**ta**|**bel**
    ko|**misch** ❶
das **Kom**|**ma**,
    die Kom|mas – Kom|ma|ta
das **Kom**|**man**|**do**,
    die Kom|man|dos
    kom|**man**|**die**|**ren**,
    du kommandierst ❺
    kom|**men**, du kommst,
    er kam
der **Kom**|**men**|**tar**,
    die Kom|men|ta|re
der **Kom**|**mis**|**sar**,
    die Kom|mis|sa|re
die **Kom**|**mis**|**sa**|**rin**,
    die Kom|mis|sa|rin|nen
die **Kom**|**mo**|**de**,
    die Kom|mo|den

die **Kom**|**mu**|**ni**|**on**,
    die Kom|mu|nio|nen
    kom|**mu**|**ni**|**zie**|**ren**,
    du kommunizierst
die **Ko**|**mö**|**die**, die Ko|mö|di|en
der **Kom**|**pass**, die Kom|pas|se
    kom|**plett**
das **Kom**|**pli**|**ment**,
    die Kom|pli|men|te
    kom|**pli**|**ziert**
der **Kom**|**po**|**nist**,
    die Kom|po|nis|ten
die **Kom**|**po**|**nis**|**tin**,
    die Kom|po|nis|tin|nen
der **Kom**|**post**, die Kom|pos|te
das **Kom**|**pott**, die Kom|pot|te
die **Kom**|**pres**|**se**,
    die Kom|pres|sen
der **Kom**|**pro**|**miss**,
    die Kom|pro|mis|se
die **Kon**|**di**|**ti**|**on**,
    die Kon|di|tio|nen
die **Kon**|**di**|**to**|**rei**,
    die Kon|di|to|rei|en
die **Kon**|**fe**|**renz**,
    die Kon|fe|ren|zen
die **Kon**|**fes**|**si**|**on**,
    die Kon|fes|sio|nen
das **Kon**|**fet**|**ti**, die Kon|fet|ti

die **Kon**|**fir**|**ma**|**ti**|**on**,
  die Kon|fir|ma|tio|nen
die **Kon**|**fi**|**tü**|**re**,
  die Kon|fi|tü|ren
der **Kon**|**flikt**, die Kon|flik|te
der **Kö**|**nig**, die Kö|ni|ge
die **Kö**|**ni**|**gin**, die Kö|ni|gin|nen
die **Kon**|**kur**|**renz**,
  die Kon|kur|ren|zen
  kön|**nen**, du kannst,
  er konnte
 er **konn**|**te** ◁ können
der **Kon**|**rek**|**tor**,
  die Kon|rek|to|ren
die **Kon**|**rek**|**to**|**rin**,
  die Kon|rek|to|rin|nen
die **Kon**|**ser**|**ve**, die Kon|ser|ven
der **Kon**|**so**|**nant**,
  die Kon|so|nan|ten
die **Kons**|**truk**|**ti**|**on**,
  die Kons|truk|tio|nen
  kons|**tru**|**ie**|**ren**,
  du konstruierst
der **Kon**|**sum**
der **Kon**|**takt**, die Kon|tak|te
der **Kon**|**ti**|**nent**,
  die Kon|ti|nen|te
das **Kon**|**to**, die Kon|ten
  kont|**ra**

der **Kont**|**rast**, die Kont|ras|te
die **Kont**|**rol**|**le**, die Kont|rol|len
  kont|**rol**|**lie**|**ren**,
  du kontrollierst ❷
die **Kon**|**zen**|**tra**|**ti**|**on**
sich **kon**|**zen**|**trie**|**ren**,
  du konzentrierst dich
das **Kon**|**zert**, die Kon|zer|te
der **Kopf**, die Köp|fe
die **Ko**|**pie**, die Ko|pi|en
  ko|**pie**|**ren**, du kopierst
der **Ko**|**pie**|**rer**, die Ko|pie|rer
die **Kop**|**pel**, die Kop|peln
der **Ko**|**ran**, die Ko|ra|ne
der **Korb**, die Kör|be
die **Kor**|**del**, die Kor|deln
der **Kor**|**ken**, die Kor|ken
das **Korn**, die Kör|ner
der **Kör**|**per**, die Kör|per
  kor|**rekt**
die **Kor**|**rek**|**tur**,
  die Kor|rek|tu|ren
  kor|**ri**|**gie**|**ren**, du korrigierst
die **Kos**|**me**|**tik**
der **Kos**|**mos**
die **Kost**
  kost|**bar** ❸
  kos|**ten**, du kostest
  kos|**ten**, es kostet

köst|**lich**

das **Kos**|**tüm**, die Kos|tü|me

der **Kot**

das **Ko**|**te**|**lett**, die Ko|te|letts

der **Kö**|**ter**, die Kö|ter

kot|**zen**, du kotzt

die **Krab**|**be**, die Krab|ben

krab|**beln**, du krabbelst

der **Krach**, die Krä|che

kra|**chen**, es kracht

kräch|**zen**, du krächzt

die **Kraft**, die Kräf|te

kräf|**tig**

das **Kraft**|**fahr**|**zeug** (Kfz),
die Kraft|fahr|zeu|ge

der **Kra**|**gen**,
die Kra|gen – Krä|gen

die **Krä**|**he**, die Krä|hen

krä|**hen**, du krähst

die **Kra**|**ke** – der Kra|ke,
die Kra|ken

kra|**keln**, du krakelst

kra|**ke**|**lig** – krak|lig

die **Kral**|**le**, die Kral|len

kra|**men**, du kramst

der **Krampf**, die Krämp|fe

der **Kran**, die Krä|ne

der **Kra**|**nich**, die Kra|ni|che

krank, kränker, am kränksten

krän|**ken**, du kränkst ❹

krän|**ker**,
am kränksten ◁ krank

die **Krank**|**heit**,
die Krank|hei|ten

der **Kranz**, die Krän|ze

krass

der **Kra**|**ter**, die Kra|ter

krat|**zen**, du kratzt

krau|**len**, du kraulst

kraus

das **Kraut**, die Kräu|ter

der **Kra**|**wall**, die Kra|wal|le

die **Kra**|**wat**|**te**, die Kra|wat|ten

kra|**xeln**, du kraxelst ❽

krea|**tiv**

der **Krebs**, die Kreb|se

der **Kre**|**dit**, die Kre|di|te

die **Krei**|**de**, die Krei|den

krei|**de**|**bleich**

der **Kreis**, die Krei|se

krei|**schen**, du kreischst

der **Krei**|**sel**, die Krei|sel

krei|**sen**, du kreist

das **Krepp**|**pa**|**pier**

die **Kres**|**se**

das **Kreuz**, die Kreu|ze

die **Kreu**|**zung**, die Kreu|zun|gen

krib|**beln**, es kribbelt

krie|chen, du kriechst,
er kroch
der **Krieg**, die Krie|ge
krie|gen, du kriegst
der **Kri|mi**, die Kri|mis
die **Kri|mi|nal|po|li|zei**
kri|mi|nell
der **Krin|gel**, die Krin|gel
die **Krip|pe**, die Krip|pen
die **Kri|se**, die Kri|sen
die **Kri|tik**, die Kri|ti|ken
kri|ti|sie|ren, du kritisierst
krit|zeln, du kritzelst
Kroa|ti|en
er **kroch** ◁ kriechen
das **Kro|ko|dil**, die Kro|ko|di|le
der **Kro|kus**, die Kro|kus|se
die **Kro|ne**, die Kro|nen
die **Krö|te**, die Krö|ten
die **Krü|cke**, die Krü|cken
der **Krug**, die Krü|ge
der **Krü|mel**, die Krü|mel
krumm
sich **krüm|men**, du krümmst dich
die **Krus|te**, die Krus|ten
der **Kü|bel**, die Kü|bel
die **Kü|che**, die Kü|chen
der **Ku|chen**, die Ku|chen
der **Ku|ckuck**, die Ku|cku|cke

die **Ku|fe**, die Ku|fen
die **Ku|gel**, die Ku|geln
die **Kuh**, die Kü|he
kühl
küh|len, es kühlt
kühn
das **Kü|ken**, die Kü|ken
die **Ku|lis|se**, die Ku|lis|sen
kul|lern, du kullerst ❺
die **Kul|tur**, die Kul|tu|ren
der **Küm|mel**
der **Kum|mer**
sich **küm|mern**,
du kümmerst dich
der **Kum|pel**, die Kum|pel
der **Kun|de**, die Kun|den
kün|di|gen, du kündigst
die **Kun|din**, die Kun|din|nen
künf|tig
die **Kunst**, die Küns|te
der **Künst|ler**, die Künst|ler
die **Künst|le|rin**,
die Künst|le|rin|nen
künst|lich ❸
kun|ter|bunt
das **Kup|fer**
die **Kup|pe**, die Kup|pen
die **Kur**, die Ku|ren
die **Kür**, die Kü|ren

die **Kur|bel**, die Kur|beln

kur|beln, du kurbelst

der **Kür|bis**, die Kür|bis|se

der **Kurs**, die Kur|se

die **Kur|ve**, die Kur|ven

kurz, kürzer, am kürzesten

kurz|är|me|lig

– kurz|ärm|lig

kür|zen, du kürzt

kür|zer, am kürzesten ◁ kurz

kürz|lich

kurz|sich|tig

ku|scheln, du kuschelst

der **Kuss**, die Küs|se

küs|sen, du küsst

die **Küs|te**, die Küs|ten

die **Kut|sche**, die Kut|schen

der **Kut|ter**, die Kut|ter

L

l (Liter)

das **La|bor**,

die La|bors – La|bo|re

das **La|by|rinth**,

die La|by|rin|the ❽

lä|cheln, du lächelst

la|chen, du lachst

lä|cher|lich

der **Lachs**, die Lach|se

der **Lack**, die La|cke

la|ckie|ren, du lackierst

der **La|den**, die Lä|den

la|den, du lädst, er lud

du **lädst** ◁ laden

die **La|dung**, die La|dun|gen

sie **lag** ◁ liegen

das **La|ger**, die La|ger

lahm

die **Läh|mung**, die Läh|mun|gen

der **Laib** (z.B. Brotlaib),

die Lai|be

der **Laich**, die Lai|che

der **Laie**, die Lai|en

das **La|ken**, die La|ken

die **Lak|rit|ze**, die La|krit|zen ❷

lal|len, du lallst

129

das **La|met|ta**

das **Lamm**, die Läm|mer

die **Lam|pe**, die Lam|pen

der **Lam|pi|on**, die Lam|pi|ons

das **Land**, die Län|der

    lan|den, du landest

die **Land|schaft**,

    die Land|schaf|ten

die **Lan|dung**, die Lan|dun|gen

die **Land|wirt|schaft**,

    die Land|wirt|schaf|ten

    lang, länger, am längsten

    lang|är|me|lig –

    lang|ärm|lig

die **Län|ge**, die Län|gen

    lan|gen, es langt

    län|ger, am längsten ◁ lang

die **Lan|ge|wei|le**

    läng|lich ❸

    lang|sam

    längst

    lang|wei|lig ❻

der **Lap|pen**, die Lap|pen

der **Lap|top**, die Lap|tops

die **Lär|che** (Nadelbaum),

    die Lär|chen

der **Lärm**

    lär|men, du lärmst

die **Lar|ve**, die Lar|ven

er **las** ◁ lesen

der **La|ser**

    las|sen, du lässt, sie ließ

das **Las|so**, die Las|sos

du **lässt** ◁ lassen

der **Las|ter**, die Las|ter

der **Last|wa|gen**,

    die Last|wa|gen

    läs|tern, du lästerst

    läs|tig

das **La|tein**

die **La|ter|ne**, die La|ter|nen

die **Lat|te**, die Lat|ten

das **Laub**

die **Lauch**, die Lau|che

    lau|ern, du lauerst

der **Lauf**, die Läu|fe

    lau|fen, du läufst, sie lief

der **Läu|fer**, die Läu|fer

die **Läu|fe|rin**, die Läu|fe|rin|nen

du **läufst** ◁ laufen

die **Lau|ne**, die Lau|nen

    lau|nisch

die **Laus**, die Läu|se

    lau|schen, du lauschst

    laut

der **Laut**, die Lau|te

    läu|ten, du läutest

    lau|warm

die **La**|**va**

der **La**|**ven**|**del**, die La|ven|del

die **La**|**wi**|**ne**, die La|wi|nen

le|**ben**, du lebst

das **Le**|**ben**, die Le|ben

le|**ben**|**dig**

die **Le**|**ber**, die Le|bern

leb|**haft**

der **Leb**|**ku**|**chen**,
die Leb|ku|chen

das **Leck**, die Lecks

le|**cken**, du leckst

le|**cker**

das **Le**|**der**, die Le|der

le|**dig**

leer

lee|**ren**, du leerst

le|**gen**, du legst

die **Le**|**gen**|**de**, die Le|gen|den

der **Lehm**, die Leh|me

die **Leh**|**ne**, die Leh|nen

sich **leh**|**nen**, du lehnst dich

die **Leh**|**re**, die Leh|ren

leh|**ren**, du lehrst ❹

der **Leh**|**rer**, die Leh|rer

die **Leh**|**re**|**rin**, die Leh|re|rin|nen

der **Leib** (Körper), die Lei|ber

die **Lei**|**che**, die Lei|chen

leicht

die **Leicht**|**ath**|**le**|**tik**

der **Leicht**|**sinn**

leicht|**sin**|**nig**

lei|**den**, du leidest, er litt

die **Lei**|**den**|**schaft**,
die Lei|den|schaf|ten

lei|**den**|**schaft**|**lich**

lei|**der**

leid|**tun**, du tust mir leid

lei|**hen**, du leihst, er lieh

der **Leim**, die Lei|me

die **Lei**|**ne**, die Lei|nen

lei|**se**

die **Leis**|**te**, die Leis|ten

leis|**ten**, du leistest

die **Leis**|**tung**, die Leis|tun|gen

lei|**ten**, du leitest

die **Lei**|**ter**, die Lei|tern

der **Lei**|**ter**, die Lei|ter

die **Lei**|**ter**|**in**, die Lei|te|rin|nen

die **Lei**|**tung**, die Lei|tun|gen

die **Lek**|**tü**|**re**, die Lek|tü|ren

len|**ken**, du lenkst

die **Len**|**kung**, die Len|kung|en

der **Leo**|**pard**, die Leo|par|den

die **Ler**|**che** (Vogel),
die Ler|chen

ler|**nen**, du lernst

le|**sen**, du liest, er las

der **Le|ser**, die Le|ser

die **Le|ser|in**, die Le|se|rin|nen

le|ser|lich ❸

Lett|land

letz|te

letz|ter

letz|tes

leuch|ten, du leuchtest

der **Leuch|te**r, die Leuch|ter

leug|nen, du leugnest

die **Leu|te**

das **Le|xi|kon**,
die Le|xi|ka – Le|xi|ken

die **Li|bel|le**, die Li|bel|len

das **Licht**, die Lich|ter

die **Lich|tung**, die Lich|tun|gen

das **Lid** (Augenlid), die Li|der

lieb

die **Lie|be**

lieb|lich

der **Lieb|ling**, die Lieb|lin|ge

das **Lied** (z.B. Gesang),
die Lie|der

sie **lief** ◁ laufen

lie|fern, du lieferst

die **Lie|fe|rung**,
die Lie|fe|run|gen

die **Lie|ge**, die Lie|gen

lie|gen, du liegst, sie lag

er **lieh** ◁ leihen

sie **ließ** ◁ lassen

du **liest** ◁ lesen

die **Li|ga**, die Li|gen

li|la

die **Li|lie**, die Li|li|en

die **Li|mo|na|de**,
die Li|mo|na|den

die **Lin|de**, die Lin|den

das **Li|ne|al**, die Li|nea|le

die **Li|nie**, die Li|ni|en

li|niert

links

die **Lin|se**, die Lin|sen

die **Lip|pe**, die Lip|pen

lis|peln, du lispelst

die **List**, die Lis|ten

die **Lis|te**, die Lis|ten

lis|tig

Li|tau|en

der **Li|ter** – das Li|ter (z.B. 2 l),
die Li|ter

die **Li|te|ra|tur**

er **litt** ◁ leiden

live

das **Lob**, die Lo|be

lo|ben, du lobst

das **Loch**, die Lö|cher

lo|chen, du lochst

lö|che|rig – löch|rig
die Lo|cke, die Lo|cken
lo|cken, du lockst
lo|cker
lo|ckern, du lockerst
lo|ckig  ❻
lo|dern, es lodert
der Löf|fel, die Löf|fel
sie log ◁ lügen
lo|gisch
der Lohn, die Löh|ne
sich loh|nen, es lohnt sich
die Loi|pe, die Loi|pen
die Lok, die Loks
die Lo|ko|mo|ti|ve,
die Lo|ko|mo|ti|ven ❶
los
das Los, die Lo|se
lös|bar
lö|schen, du löschst
lo|se
lo|sen, du lost
lö|sen, du löst
lös|lich
die Lö|sung, die Lö|sun|gen
lö|ten, du lötest
der Lot|se, die Lot|sen

die Lot|sin, die Lot|sin|nen
die Lot|te|rie, die Lot|te|ri|en
das Lot|to
der Lö|we, die Lö|wen
der Lö|wen|zahn
der Luchs, die Luch|se ❽
die Lü|cke, die Lü|cken
lü|cken|los
er lud ◁ laden
die Luft, die Lüf|te
lüf|ten, du lüftest
luf|tig
die Lüf|tung, die Lüf|tun|gen
die Lü|ge, die Lü|gen
lü|gen, du lügst, sie log
die Lu|ke, die Lu|ken
sich lüm|meln, du lümmelst dich
der Lum|pen, die Lum|pen
lum|pig
die Lun|ge, die Lun|gen
die Lu|pe, die Lu|pen
die Lust, die Lüs|te
lus|tig ❻
lut|schen, du lutschst
Lu|xem|burg
lu|xu|ri|ös
der Lu|xus

133

m (Meter)

ma|**chen**, du machst

die **Macht**, die Mäch|te

mäch|**tig**

das **Mäd**|**chen**, die Mäd|chen

die **Ma**|**de**, die Ma|den

der **Ma**|**gen**,
   die Mä|gen – Ma|gen

ma|**ger**

die **Ma**|**gie**

der **Mag**|**net**,
   die Mag|ne|te – Mag|ne|ten

mag|**ne**|**tisch**

du **magst** ◁ mögen

mä|**hen**, du mähst

mah|**len** (z.B. Mehl mahlen),
   du mahlst

die **Mahl**|**zeit**, die Mahl|zei|ten

die **Mäh**|**ne**, die Mäh|nen

mah|**nen**, du mahnst

die **Mah**|**nung**, die Mah|nun|gen

der **Mai**

die **Mail**|**box**, die Mail|bo|xen

mai|**len**, du mailst

der **Main**

der **Mais** ❽

die **Ma**|**jes**|**tät**, die Ma|jes|tä|ten

die **Ma**|**jo**|**nä**|**se** – Ma|yon|naise

das **Make-up**, die Make-ups

die **Mak**|**ka**|**ro**|**ni**

das **Mal**, die Ma|le

mal

ma|**len** (z.B. Bild malen),
   du malst

Mal|**ta**

die **Ma**|**ma**, die Ma|mas

das **Mam**|**mut**,
   die Mam|mu|te – Mam|muts

man

der **Ma**|**na**|**ger**, die Ma|na|ger

die **Ma**|**na**|**ge**|**rin**,
   die Ma|na|ge|rin|nen

man|**che**

man|**cher**

man|**ches**

manch|**mal**

das **Man**|**da**|**la**, die Man|da|las

die **Man**|**da**|**ri**|**ne**,
   die Man|da|ri|nen ❶

die **Man**|**del**, die Man|deln

die **Ma**|**ne**|**ge**, die Ma|ne|gen

der **Manga** – das Man|ga,
   die Man|gas

der **Man**|**gel**, die Män|gel
   man|**gel**|**haft**
der **Mann**, die Män|ner
   männ|**lich**
die **Mann**|**schaft**,
   die Mann|schaf|ten
der **Man**|**tel**, die Män|tel
die **Map**|**pe**, die Map|pen
der **Ma**|**ra**|**thon**, die Ma|ra|thons
das **Mär**|**chen**, die Mär|chen
der **Mar**|**der**, die Mar|der
die **Mar**|**ga**|**ri**|**ne**
die **Mar**|**ge**|**ri**|**te**,
   die Mar|ge|ri|ten
   Ma|**riä Him**|**mel**|**fahrt**
die **Ma**|**rio**|**net**|**te**,
   die Ma|rio|net|ten
die **Mar**|**ke**, die Mar|ken
   mar|**kie**|**ren**, du markierst
der **Markt**, die Märk|te
die **Mar**|**me**|**la**|**de**,
   die Mar|me|la|den
der **Mars**
der **Marsch**, die Mär|sche
   mar|**schie**|**ren**,
   du marschierst
der **März**
das **Mar**|**zi**|**pan**
die **Ma**|**sche**, die Ma|schen

die **Ma**|**schi**|**ne**, die Ma|schi|nen
die **Ma**|**sern**
die **Mas**|**ke**, die Mas|ken
sich **mas**|**kie**|**ren**,
   du maskierst dich
das **Mas**|**kott**|**chen**,
   die Mas|kott|chen
das **Maß**, die Ma|ße
sie **maß** ◁ messen
die **Mas**|**sa**|**ge**, die Mas|sa|gen
die **Mas**|**se**, die Mas|sen
   mas|**sie**|**ren**, du massierst
   mä|**ßig**
   mas|**siv**
die **Maß**|**nah**|**me**,
   die Maß|nah|men
der **Maß**|**stab**, die Maß|stä|be ❹
der **Mast**, die Mas|ten – Mas|te
   mäs|**ten**, du mästest
das **Match**, die Matchs –
   Mat|che – Mat|ches
das **Ma**|**te**|**ri**|**al**,
   die Ma|te|ria|li|en
die **Ma**|**the**|**ma**|**tik** ❷
   ma|**the**|**ma**|**tisch**
die **Mat**|**rat**|**ze**, die Mat|rat|zen
der **Mat**|**ro**|**se**, die Mat|ro|sen
die **Mat**|**ro**|**sin**,
   die Mat|ro|sin|nen

der **Matsch**

    mat|schig

    matt

die **Mat|te**, die Mat|ten

die **Mau|er**, die Mau|ern

das **Maul**, die Mäu|ler

    mau|len, du maulst

der **Maul|wurf**, die Maul|wür|fe

die **Maus**, die Mäu|se

die **Ma|yon|nai|se** –

    Ma|jo|nä|se

    MB (Megabyte)

der **Me|cha|ni|ker**,

    die Me|cha|ni|ker

die **Me|cha|ni|ke|rin**,

    die Me|cha|ni|ke|rin|nen

    me|cha|nisch

    me|cha|nisch

    me|ckern, du meckerst

    Meck|len|burg-

    Vor|pom|mern

die **Me|dail|le**, die Me|dail|len

die **Me|di|en**

das **Me|di|ka|ment**,

    die Me|di|ka|men|te

die **Me|di|zin**

das **Meer**, die Mee|re

das **Meer|schwein|chen**,

    die Meer|schwein|chen

das **Me|ga|byte** (z.B. 2 MB),

    die Me|ga|byte –

    Me|ga|bytes

das **Mehl**, die Meh|le

    mehr, am meisten ◁ viel

    mehr|mals ❹

die **Mehr|zahl**, die Mehr|zah|len

    mei|den, du meidest, er mied

    mein

    mei|ne

    mei|ner

    mei|nes

    mei|nen, du meinst

die **Mei|nung**, die Mei|nun|gen

die **Mei|se**, die Mei|sen

der **Mei|ßel**, die Mei|ßel

    meis|tens

am **meis|ten** ◁ viel

der **Meis|ter**, die Meis|ter

die **Meis|te|rin**,

    die Meis|te|rin|nen

die **Meis|ter|schaft**,

    die Meis|ter|schaf|ten

    mel|den, du meldest

die **Mel|dung**, die Mel|dun|gen

    mel|ken, du melkst, sie molk

die **Me|lo|die**, die Me|lo|di|en

die **Me|lo|ne**, die Me|lo|nen

das **Me|mo|ry**, die Me|mo|rys

die **Men|ge**, die Men|gen

der **Mensch**, die Men|schen

mensch|lich ❸

das **Me|nü**, die Me|nüs

mer|ken, du merkst

das **Merk|mal**, die Merk|ma|le

der **Mer|kur**

merk|wür|dig

die **Mes|se**, die Mes|sen

mes|sen, du misst, sie maß

das **Mes|ser**, die Mes|ser

das **Mes|sing**

das **Me|tall**, die Me|tal|le

der **Me|te|or**, die Me|teo|re

der **Me|ter** – das Me|ter

(z.B. 9 m), die Me|ter

die **Me|tho|de**, die Me|tho|den

die **Metz|ge|rei**,

die Metz|ge|rei|en

die **Meu|te|rei**,

die Meu|te|rei|en

mg (Milligramm)

mi|au|en, sie miaut

mich

die **Mi|cky|maus**

er **mied** ◁ meiden

die **Mie|ne**, die Mie|nen

die **Mie|te**, die Mie|ten

mie|ten, du mietest

das **Mik|ro|fon** – Mi|kro|phon,

die Mik|ro|fo|ne –

Mi|kro|pho|ne

das **Mik|ros|kop**,

die Mik|ros|ko|pe

die **Mik|ro|wel|le**,

die Mik|ro|wel|len

die **Milch**

mild ❻

das **Mi|li|tär**

Mill. (Million)

die **Mil|li|ar|de**,

die Mil|li|ar|den

das **Mil|li|gramm** (z.B. 5 mg),

die Mil|li|gramm ❹

der **Mil|li|li|ter** (z.B. 10 ml),

die Mil|li|li|ter

der **Mil|li|me|ter** (z.B. 4 mm),

die Mil|li|me|ter

die **Mil|li|on** (z.B. 5 Mill. – Mio.),

die Mil|lio|nen

min (Minute)

das **Mi|na|rett**, die Mi|na|ret|te

min|des|tens

die **Mi|ne**, die Mi|nen

das **Mi|ne|ral|was|ser**,

die Mi|ne|ral|wäs|ser

das **Mi|ni|golf**

der **Mi|nis|ter**, die Mi|nis|ter

A
B
C
D
E
F
G
H
I
J
K
L
M
N
O
P
Q
R
S
T
U
V
W
X
Y
Z

die **Mi|nis|te|rin**,
die Mi|nis|te|rin|nen

der **Mi|nist|rant**,
die Mi|nist|ran|ten

die **Mi|nist|ran|tin**,
die Mi|nist|ran|tin|nen

mi|nus

das **Mi|nus|zei|chen**,
die Mi|nus|zei|chen

die **Mi|nu|te** (z.B. 6 min),
die Mi|nu|ten

Mio. (Million)

mir

mi|schen, du mischst

miss|ach|ten,
du missachtest

der **Miss|brauch**,
die Miss|bräu|che

der **Miss|er|folg**,
die Miss|er|fol|ge

miss|han|deln,
du misshandelst

die **Mis|si|on**, die Mis|sio|nen

du **misst** ◁ messen

miss|trau|en, du misstraust

miss|trau|isch

das **Miss|ver|ständ|nis**,
die Miss|ver|ständ|nis|se

der **Mist**

mit

die **Mit|ar|beit**

mit|ei|nan|der ❸

mit|fah|ren, du fährst mit,
sie fuhr mit

das **Mit|glied**, die Mit|glie|der

der **Mit|laut**, die Mit|lau|te

das **Mit|leid**

mit|lei|dig

der **Mit|schü|ler**, die Mit|schü|ler

die **Mit|schü|le|rin**,
die Mit|schü|le|rin|nen

der **Mit|tag**, die Mit|ta|ge

mit|tags

die **Mit|te**, die Mit|ten

mit|tei|len, du teilst mit

die **Mit|tei|lung**,
die Mit|tei|lun|gen

das **Mit|tel**, die Mit|tel

das **Mit|tel|al|ter**

das **Mit|tel|meer**

mit|ten

die **Mit|ter|nacht** ❹

mitt|ler|wei|le

der **Mitt|woch**, die Mitt|wo|che

mitt|wochs

mi|xen, du mixt

ml (Milliliter)

mm (Millimeter)

das **Mö|bel**, die Mö|bel

sie **moch|te** ◁ mögen

die **Mo|de**, die Mo|den

das **Mo|dell**, die Mo|del|le

der **Mo|de|ra|tor**,
 die Mo|de|ra|to|ren

die **Mo|de|ra|to|rin**,
 die Mo|de|ra|to|rin|nen

 mo|dern

das **Mo|fa**, die Mo|fas

 mo|geln, du mogelst

 mö|gen, du magst,
 sie mochte

 mög|lich

die **Mög|lich|keit**,
 die Mög|lich|kei|ten

 Mo|ham|med

der **Mohn**

die **Möh|re**, die Möh|ren

die **Mohr|rü|be**, die Mohr|rü|ben

der **Molch**, die Mol|che

sie **molk** ◁ melken

 mol|lig

der **Mo|ment**, die Mo|men|te

 mo|men|tan

der **Mo|nat**, die Mo|na|te

 mo|nat|lich

der **Mönch**, die Mön|che

der **Mond**, die Mon|de

der **Mo|ni|tor**, die Mo|ni|to|re

das **Mons|ter**, die Mons|ter

der **Mon|tag**, die Mon|ta|ge

die **Mon|ta|ge**, die Mon|ta|gen

 mon|tags

der **Mon|teur**, die Mon|teu|re

die **Mon|teu|rin**,
 die Mon|teu|rin|nen

 mon|tie|ren, du montierst

das **Moor**, die Moo|re

das **Moos**, die Moo|se ❽

das **Mo|ped**, die Mo|peds

die **Mo|ral**

der **Mord**, die Mor|de

der **Mör|der**, die Mör|der

die **Mör|de|rin**,
 die Mör|de|rin|nen

der **Mor|gen**, die Mor|gen

 mor|gen

 mor|gens

 morsch

der **Mör|tel**

das **Mo|sa|ik**, die Mo|sai|ken

die **Mo|schee**, die Mo|scheen

die **Mo|sel**

der **Mo|tor**, die Mo|to|ren

das **Mo|tor|rad**,
 die Mo|tor|rä|der

die **Mot|te**, die Mot|ten

139

A B C D E F G H I J K L **M** N O P Q R S T U V W X Y Z

das **Moun|tain|bike**,
    die Moun|tain|bikes
die **Mö|we**, die Mö|wen
die **Mü|cke**, die Mü|cken
    mü|de
die **Mü|dig|keit**
die **Mü|he**, die Mü|hen
die **Müh|le**, die Müh|len
    müh|sam
die **Mul|de**, die Mul|den
der **Müll**
die **Müll|ab|fuhr**,
    die Müll|ab|fuh|ren
die **Müll|de|po|nie**,
    die Müll|de|po|ni|en
die **Mul|ti|pli|ka|ti|on**,
    die Mul|ti|pli|ka|tio|nen ❷
    mul|ti|pli|zie|ren,
    du multiplizierst
die **Mu|mie**, die Mu|mi|en
der **Mund**, die Mün|der
    mün|den, er mündet ❹
    münd|lich
die **Mün|dung**, die Mün|dun|gen
    mün|den
    mun|ter
die **Mün|ze**, die Mün|zen
die **Mur|mel**, die Mur|meln
    mur|meln, du murmelst

    mür|risch
das **Mus**
die **Mu|schel**, die Mu|scheln
das **Mu|se|um**, die Mu|se|en
das **Mu|si|cal**, die Mu|si|cals
die **Mu|sik**
    mu|si|ka|lisch
der **Mu|si|ker**, die Mu|si|ker
die **Mu|si|ke|rin**,
    die Mu|si|ke|rin|nen
    mu|si|zie|ren, du musizierst
der **Mus|kel**, die Mus|keln
das **Müs|li**, die Müs|li – Müs|lis
der **Mus|lim**, die Mus|li|me
die **Mus|li|min** – Mus|li|ma,
    die Mus|li|min|nen –
    Mus|li|mas
    müs|sen, du musst,
    sie musste
 du **musst** ◁ müssen
sie **muss|te** ◁ müssen
das **Mus|ter**, die Mus|ter
der **Mut**
    mu|tig ❻
die **Mut|ter** (Mama), die Müt|ter
die **Mut|ter** (einer Schraube),
    die Mut|tern
    mut|wil|lig
die **Müt|ze**, die Müt|zen

N

nach

der **Nach**|**bar**, die Nach|barn

die **Nach**|**ba**|**rin**,
 die Nach|ba|rin|nen

 nach|**dem**

 nach|**den**|**ken**, du denkst
 nach, er dachte nach

 nach|**denk**|**lich**

 nach|**ei**|**nan**|**der**

der **Nach**|**fol**|**ger**,
 die Nach|fol|ger

die **Nach**|**fol**|**ge**|**rin**,
 die Nach|fol|ge|rin|nen

die **Nach**|**fra**|**ge**,
 die Nach|fra|gen

 nach|**ge**|**ben**, du gibst nach,
 sie gab nach

 nach|**hau**|**se** – nach Hau|se

 nach|**her**

der **Nach**|**mit**|**tag**,
 die Nach|mit|ta|ge

 nach|**mit**|**tags**

die **Nach**|**richt**, die Nach|rich|ten

 nächs|**te**

 nächs|**ter**

 nächs|**tes**

am **nächs**|**ten** ◁ nah

die **Nacht**, die Näch|te

der **Nach**|**teil**, die Nach|tei|le

 nach|**träg**|**lich**

 nachts

 na|**ckig**

 nackt

die **Na**|**del**, die Na|deln

der **Na**|**gel**, die Nä|gel

 na|**gen**, du nagst

 nah, näher, am nächsten

die **Nä**|**he**

 nä|**hen**, du nähst

 nä|**her**, am nächsten ◁ nah

er **nahm** ◁ nehmen

die **Nah**|**rung** ❽

das **Nah**|**rungs**|**mit**|**tel**,
 die Nah|rungs|mit|tel

die **Naht**, die Näh|te

 na|**iv**

der **Na**|**me**, die Na|men

 näm|**lich**

er **nann**|**te** ◁ nennen

der **Napf**, die Näp|fe

die **Nar**|**be**, die Nar|ben

die **Nar**|**ko**|**se**, die Nar|ko|sen

der **Narr**, die Nar|ren

die **När|rin**, die När|rin|nen
när|risch
die **Nar|zis|se**, die Nar|zis|sen
na|schen, du naschst
die **Na|se**, die Na|sen
nass
die **Näs|se**
die **Na|ti|on**, die Na|tio|nen
na|tio|nal
die **Na|tur**, die Na|tu|ren
na|tür|lich
der **Ne|bel**, die Ne|bel
ne|be|lig – neb|lig
ne|ben
ne|ben|ei|nan|der
der **Ne|ckar**
ne|cken, du neckst
der **Nef|fe**, die Nef|fen
ne|ga|tiv
neh|men, du nimmst,
er nahm ❹
der **Neid**
nei|disch
sich **nei|gen**, du neigst dich
nein
die **Nel|ke**, die Nel|ken
nen|nen, du nennst,
er nannte ❺
der **Nep|tun**

der **Nerv**, die Ner|ven
ner|vös
das **Nest**, die Nes|ter
nett
das **Netz**, die Net|ze
neu
die **Neu|gier**
neu|gie|rig
die **Neu|ig|keit**,
die Neu|ig|kei|ten ❼
das **Neu|jahr**
neu|lich
neun
neun|mal
neun|zig
nicht
die **Nich|te**, die Nich|ten
nichts
ni|cken, du nickst
nie
nie|der ❷
die **Nie|der|la|ge**,
die Nie|der|la|gen
die **Nie|der|lan|de**
Nie|der|sach|sen
der **Nie|der|schlag**,
die Nie|der|schlä|ge
nied|lich
nied|rig ❻

nie|mals
nie|mand
die **Nie|re**, die Nie|ren
nie|seln, es nieselt
nie|sen, du niest
die **Nie|te**, die Nie|ten
der **Ni|ko|laus**,
die Ni|ko|lau|se –
Ni|ko|läu|se
das **Nil|pferd**, die Nil|pfer|de
du **nimmst** ◁ nehmen
nip|pen, du nippst
nir|gends
nir|gend|wo
die **Ni|sche**, die Ni|schen
nis|ten, er nistet
die **Ni|xe**, die Ni|xen ❽
noch
noch|mals
das **No|men**, die No|men
der **No|mi|na|tiv**
die **Non|ne**, die Non|nen
der **Non|sens** ❶
non|stop
der **Nor|den**
nörd|lich
der **Nord|pol**
Nord|rhein-West|fa|len

die **Nord|see**
nör|geln, du nörgelst
die **Norm**, die Nor|men
nor|mal
nor|ma|ler|wei|se
Nor|we|gen
die **Not**, die Nö|te
die **No|te**, die No|ten
das **Note|book**, die Note|books
no|tie|ren, du notierst
nö|tig ❻
die **No|tiz**, die No|ti|zen
not|wen|dig
der **No|vem|ber**
nüch|tern
nu|ckeln, du nuckelst
die **Nu|del**, die Nu|deln
null
die **Num|mer**, die Num|mern
num|me|rie|ren,
du nummerierst ❹
nun
nur
nu|scheln, du nuschelst
die **Nuss**, die Nüs|se
nut|zen, du nutzt ❷
nüt|zen, es nützt
nütz|lich

die **Oa**|se, die Oa|sen
ob
ob|dach|los
oben
ober|fläch|lich
das **Ob**|jekt, die Ob|jek|te
die **Ob**|la|te, die Ob|la|ten
das **Obst**
ob|wohl
der **Och**|se, die Och|sen
ocker
oder
die **Oder**
der **Ofen**, die Öfen
of|fen ❺
die **Of**|fen|heit
öf|fent|lich
of|fi|zi|ell
off|line
öff|nen, du öffnest
die **Öff**|nung, die Öff|nun|gen
oft
öf|ter

oh|ne
ohn|mäch|tig
das **Ohr**, die Oh|ren
o. k. (okay)
okay (o. k.)
öko|lo|gisch
der **Ok**|to|ber
das **Öl**, die Öle
ölig
die **Oli**|ve, die Oli|ven
die **Olym**|pia|de,
die Olym|pia|den
olym|pisch
die **Oma**, die Omas
der **On**|kel, die On|kel
on|line
der **Opa**, die Opas
das **Open-Air-Kon**|zert,
die Open-Air-Kon|zer|te
die **Oper**, die Opern
die **Ope**|ra|ti|on,
die Ope|ra|tio|nen
ope|rie|ren, du operierst
das **Op**|fer, die Op|fer
der **Op**|ti|ker, die Op|ti|ker
die **Op**|ti|ke|rin,
die Op|ti|ke|rin|nen
op|ti|mal
op|ti|mis|tisch

die **Oran|ge**, die Oran|gen ❽

das **Or|ches|ter**, die Or|ches|ter

    or|dent|lich

    ord|nen, du ordnest

der **Ord|ner**, die Ord|ner

die **Ord|nung**

das **Or|gan**, die Or|ga|ne

die **Or|ga|ni|sa|ti|on**,

    die Or|ga|ni|sa|tio|nen

    or|ga|ni|sie|ren,

    du organisierst

die **Or|gel**, die Or|geln

der **Ori|ent**

    ori|en|ta|lisch

sich **ori|en|tie|ren**,

    du orientierst dich

die **Ori|en|tie|rung**,

    die Ori|en|tie|rungen

das **Ori|gi|nal**,

    die Ori|gi|na|le

    ori|gi|nell

der **Or|kan**, die Or|ka|ne

der **Ort**, die Or|te ❻

der **Os|ten**

    Os|tern

    Ös|ter|reich

    öst|lich

die **Ost|see**

der **Ot|ter** (Marderart),

    die Ot|ter ❺

die **Ot|ter** (Schlangenart),

    die Ot|tern

    oval

der **Ove|rall**, die Ove|ralls

der **Oze|an**, die Ozea|ne

das **Ozon**

P

das **Paar**, die Paa|re

ein **paar**

ein **paar|mal**

das **Päck|chen**, die Päck|chen ❹

    pa|cken, du packst

die **Pa|ckung**, die Pa|ckun|gen

das **Pad|del**, die Pad|del ❺

    pad|deln, du paddelst

das **Pa**|**ket**, die Pa|ke|te ❶

der **Pa**|**last**, die Pa|läs|te

die **Pal**|**me**, die Pal|men

die **Pa**|**nik**

die **Pan**|**ne**, die Pan|nen

der **Pan**|**ther** – Pan|ter,
    die Pan|ther – Pan|ter

der **Pan**|**tof**|**fel**, die Pan|tof|feln

die **Pan**|**to**|**mi**|**me**,
    die Pan|to|mi|men

der **Pan**|**zer**, die Pan|zer

der **Pa**|**pa**, die Pa|pas ❼

der **Pa**|**pa**|**gei**, die Pa|pa|gei|en

das **Pa**|**pier**, die Pa|pie|re

die **Pap**|**pe**, die Pap|pen

die **Pap**|**pel**, die Pap|peln

die **Pap**|**ri**|**ka** – der Pap|ri|ka,
    die Pap|ri|ka – Pap|ri|kas

der **Papst**, die Päps|te

das **Pa**|**ra**|**dies**, die Pa|ra|die|se

    pa|**ral**|**lel**

die **Pa**|**ral**|**le**|**le**, die Pa|ral|le|len

der **Pa**|**ra**|**sit**, die Pa|ra|si|ten

das **Pär**|**chen**, die Pär|chen

das **Par**|**fum** – Par|füm,
    die Par|fums – Par|fü|me –
    Par|füms

der **Park**, die Parks
    par|**ken**, du parkst ❸

das **Par**|**kett**,
    die Par|ket|te – Par|ketts

der **Park**|**platz**, die Park|plät|ze

das **Par**|**la**|**ment**,
    die Par|la|men|te

die **Par**|**tei**, die Par|tei|en

der **Part**|**ner**, die Part|ner

die **Part**|**ne**|**rin**,
    die Part|ne|rin|nen

die **Part**|**ner**|**schaft**,
    die Part|ner|schaf|ten

die **Par**|**ty**, die Par|tys ❽

der **Pass**, die Päs|se

der **Pas**|**sa**|**gier**,
    die Pas|sa|gie|re

die **Pas**|**sa**|**gie**|**rin**,
    die Pas|sa|gie|rin|nen

das **Pas**|**sah**|**fest**

    pas|**sen**, es passt ❷

    pas|**sie**|**ren**, es passiert

    pas|**siv**

die **Pas**|**te**|**te**, die Pas|te|ten

der **Pas**|**tor**, die Pas|to|ren

die **Pas**|**to**|**rin**,
    die Pas|to|rin|nen

der **Pa**|**te**, die Pa|ten

der **Pa**|**ti**|**ent**, die Pa|ti|en|ten

die **Pa**|**ti**|**en**|**tin**,
    die Pa|ti|en|tin|nen

die **Pa**|**tin**, die Pa|tin|nen
die **Pat**|**ro**|**ne**, die Pat|ro|nen
die **Pau**|**ke**, die Pau|ken
die **Pau**|**se**, die Pau|sen
der **Pa**|**zi**|**fik**
der **PC**, die PCs
das **Pech**
das **Pe**|**dal**, die Pe|da|le ❶
    pein|**lich**
die **Pel**|**le**, die Pel|len
der **Pelz**, die Pel|ze
    pel|**zig**
das **Pen**|**del**, die Pen|del
der **Pe**|**nis**, die Pe|nis|se
    pen|**nen**, du pennst
die **Pen**|**si**|**on**, die Pen|sio|nen
das **Per**|**fekt**
    per|**fekt**
die **Pe**|**rio**|**de**, die Pe|rio|den
die **Per**|**le**, die Per|len
die **Per**|**son**, die Per|so|nen
das **Per**|**so**|**nal**
    per|**sön**|**lich** ❸
die **Pers**|**pek**|**ti**|**ve**,
    die Pers|pek|ti|ven
die **Pe**|**rü**|**cke**, die Pe|rü|cken
    Pes|**sach**
    pes|**si**|**mis**|**tisch**
die **Pest**

die **Pe**|**ter**|**si**|**lie**
    pet|**zen**, du petzt
der **Pfad**, die Pfa|de ❻
der **Pfahl**, die Pfäh|le
das **Pfand**, die Pfän|der
die **Pfan**|**ne**, die Pfan|nen
der **Pfann**|**ku**|**chen**,
    die Pfann|ku|chen
der **Pfar**|**rer**, die Pfar|rer
die **Pfar**|**re**|**rin**,
    die Pfar|re|rin|nen
der **Pfau**, die Pfau|en
der **Pfef**|**fer**
die **Pfef**|**fer**|**min**|**ze**
die **Pfei**|**fe**, die Pfei|fen
    pfei|**fen**, du pfeifst, er pfiff
der **Pfeil**, die Pfei|le
der **Pfei**|**ler**, die Pfei|ler
das **Pferd**, die Pfer|de ❻
der **Pfiff**, die Pfif|fe
  er **pfiff** ◁ pfeifen
der **Pfif**|**fer**|**ling**,
    die Pfif|fer|lin|ge
    pfif|**fig**
    Pfings|**ten**
der **Pfir**|**sich**, die Pfir|si|che
die **Pflan**|**ze**, die Pflan|zen
    pflan|**zen**, du pflanzt
das **Pflas**|**ter**, die Pflas|ter

die **Pflau|me**, die Pflau|men

die **Pfle|ge**

    pfle|gen, du pflegst

die **Pflicht**, die Pflich|ten

    pflü|cken, du pflückst

    pflü|gen, du pflügst

die **Pfor|te**, die Pfor|ten

der **Pfört|ner**, die Pfört|ner

die **Pfört|ne|rin**,

    die Pfört|ne|rin|nen

der **Pfos|ten**, die Pfos|ten

die **Pfo|te**, die Pfo|ten

der **Pfrop|fen**, die Pfrop|fen

    pfui

das **Pfund**, die Pfun|de

    pfu|schen, du pfuschst

die **Pfüt|ze**, die Pfüt|zen ❺

die **Phan|ta|sie** – Fan|ta|sie,

    die Phan|ta|si|en –

    Fan|ta|si|en

    phan|tas|tisch –

    fan|tas|tisch

das **Phan|tom**, die Phan|to|me

die **Pha|se**, die Pha|sen

die **Phi|lo|so|phie**

die **Phy|sik** ❽

    phy|si|ka|lisch

der **Pi|ckel**, die Pi|ckel

    pi|cken, du pickst

das **Pick|nick**, die Pick|nicks

    pie|pen, es piept ❷

    piep|sen, es piepst

    pier|cen, du bist gepierct

    pi|kant

die **Pil|le**, die Pil|len

der **Pi|lot**, die Pi|lo|ten

die **Pi|lo|tin**, die Pi|lo|tin|nen

der **Pilz**, die Pil|ze

    pink

    pin|keln, du pinkelst

die **Pinn|wand**, die Pinn|wän|de

der **Pin|sel**, die Pin|sel

    pin|seln, du pinselst

die **Pin|zet|te**, die Pin|zet|ten

der **Pi|rat**, die Pi|ra|ten

die **Pi|ra|tin**, die Pi|ra|tin|nen

    pir|schen, du pirschst

die **Pis|te**, die Pis|ten

die **Pis|to|le**, die Pis|to|len

die **Piz|za**, die Piz|zas – Piz|zen

die **Piz|ze|ria**, die Piz|ze|ri|en

der **Pkw** – PKW,

    die Pkws – PKWs

    pla|gen, du plagst

das **Pla|kat**, die Pla|ka|te

die **Pla|ket|te**, die Pla|ket|ten

der **Plan**, die Plä|ne ❹

die **Pla|ne**, die Pla|nen

pla|nen, du planst

der Pla|net, die Pla|ne|ten

plan|schen – plant|schen,
du planschst – plantschst

plap|pern, du plapperst

plär|ren, du plärrst

das Plas|tik

plät|schern, es plätschert

das Platt|deutsch

platt

die Plat|te, die Plat|ten

der Platz, die Plät|ze ❹

das Plätz|chen, die Plätz|chen

plat|zen, du platzt

plau|dern, du plauderst

das Play-back – Play|back

plei|te

die Plom|be, die Plom|ben

plötz|lich

plump ❻

plump|sen, du plumpst

plün|dern, du plünderst

der Plu|ral

plus

der Po, die Pos

po|chen, du pochst

das Po|di|um, die Po|di|en

das Poe|sie|al|bum,
die Poe|sie|al|ben

der Po|kal, die Po|ka|le

der Pol, die Po|le

Po|len

po|lie|ren, du polierst

die Po|li|tik

po|li|tisch

die Po|li|zei

der Po|li|zist, die Po|li|zis|ten

die Po|li|zis|tin,
die Po|li|zis|tin|nen

der Pol|len, die Pol|len

pol|tern, du polterst

die Pommes frites – Pom|mes

das Po|ny, die Po|nys ❽

der Pool, die Pools

der Pop

das Pop|corn

die Pop|mu|sik

die Po|re, die Po|ren

die Por|ti|on, die Por|tio|nen

das Porte|mon|naie, –
Port|mo|nee,
die Porte|mon|naies –
Port|mo|nees

das Port|fo|lio, die Port|fo|li|os

das Por|to, die Por|tos – Por|ti

Por|tu|gal

das Por|zel|lan

die Po|sau|ne, die Po|sau|nen

die **Po|si|ti|on**, die Po|si|tio|nen
  po|si|tiv
die **Post** ❶
das **Pos|ter**, die Pos|ter
die **Pracht**
  präch|tig
das **Prä|di|kat**, die Prä|di|ka|te
  prä|gen, du prägst
  prah|len, du prahlst
  prak|tisch
die **Pra|li|ne**, die Pra|li|nen
  prall
die **Prä|mie**, die Prä|mi|en
die **Pran|ke**, die Pran|ken
die **Prä|po|si|ti|on**,
  die Prä|po|si|tio|nen
die **Prä|rie**, die Prä|ri|en
das **Prä|sens**
die **Prä|sen|ta|ti|on**,
  die Prä|sen|ta|tio|nen
  prä|sen|tie|ren,
  du präsentierst ❸
der **Prä|si|dent**,
  die Prä|si|den|ten
die **Prä|si|den|tin**,
  die Prä|si|den|tin|nen
  pras|seln, es prasselt
das **Prä|te|ri|tum**
die **Pra|xis**, die Pra|xen ❽

pre|di|gen, du predigst
die **Pre|digt**, die Pre|dig|ten
der **Preis**, die Prei|se
das **Preis|aus|schrei|ben**,
  die Preis|aus|schrei|ben
  preis|wert
  prel|len, du prellst
die **Prel|lung**,
  die Prel|lun|gen ❼
die **Pre|mie|re**, die Pre|mie|ren
die **Pres|se**, die Pres|sen
  pres|sen, du presst ❺
der **Pries|ter**, die Pries|ter
die **Pries|te|rin**,
  die Pries|te|rin|nen
  pri|ma
  pri|mi|tiv
der **Prinz**, die Prin|zen
die **Prin|zes|sin**,
  die Prin|zes|sin|nen
das **Prin|zip**, die Prin|zi|pi|en
die **Pri|se**, die Pri|sen
  pri|vat
  pro
die **Pro|be**, die Pro|ben
  pro|ben, du probst ❷
  pro|bie|ren, du probierst
das **Prob|lem**, die Prob|le|me
das **Pro|dukt**, die Pro|duk|te

pro|du|zie|ren,
du produzierst
der **Pro|fes|sor**,
die Pro|fes|so|ren
die **Pro|fes|so|rin**,
die Pro|fes|so|rin|nen
der **Pro|fi**, die Pro|fis
das **Pro|fil**, die Pro|fi|le
das **Pro|gramm**,
die Pro|gram|me
das **Pro|jekt**, die Pro|jek|te ❻
der **Pro|jek|tor**,
die Pro|jek|to|ren
pro|mi|nent
prompt
das **Pro|no|men**, die Pro|no|men
der **Pro|pel|ler**, die Pro|pel|ler
pro|phe|zei|en,
du prophezeist
pro|sit
der **Pros|pekt**, die Pros|pek|te
prost
der **Pro|test**, die Pro|tes|te
pro|tes|tan|tisch
pro|tes|tie|ren,
du protestierst
die **Pro|the|se**, die Pro|the|sen
das **Pro|to|koll**,
die Pro|to|kol|le

pro|to|kol|lie|ren,
du protokollierst
der **Pro|vi|ant**
das **Pro|zent**, die Pro|zen|te
der **Pro|zess**, die Pro|zes|se
prü|fen, du prüfst ❷
die **Prü|fung**, die Prü|fun|gen
die **Prü|ge|lei**, die Prü|ge|lei|en
prü|geln, du prügelst
PS
die **Psy|cho|lo|gie**
die **Pu|ber|tät**
das **Pub|li|kum**
der **Pud|ding**,
die Pud|din|ge – Pud|dings
der **Pu|del**, die Pu|del
der **Pu|der**, die Pu|der
pu|dern, du puderst
der **Puf|fer**, die Puf|fer
der **Pul|li**, die Pul|lis ❺
der **Pul|lo|ver**, die Pul|lo|ver
der **Puls**, die Pul|se
das **Pult**, die Pul|te
das **Pul|ver**, die Pul|ver
die **Pum|pe**, die Pum|pen
pum|pen, du pumpst
der **Punkt**, die Punk|te
pünkt|lich
die **Pu|pil|le**, die Pu|pil|len

die **Pup**|**pe**, die Pup|pen
pur
das **Pü**|**ree**, die Pü|rees
pur|**zeln**, du purzelst
die **Pus**|**te** ❶
pus|**ten**, du pustest
put|**zen**, du putzt

put|**zig**
puz|**zeln**, du puzzelst
das **Puz**|**zle**, die Puz|zles
der **Py**|**ja**|**ma**,
die Py|ja|mas
die **Py**|**ra**|**mi**|**de**,
die Py|ra|mi|den ❽

Qu

der **Qua**|**der**, die Qua|der
das **Quad**|**rat**, die Quad|ra|te
quad|**ra**|**tisch**
der **Quai** – Kai, die Quais – Kais
qua|**ken**, du quakst
die **Qual**, die Qua|len ❹
quä|**len**, du quälst
die **Qua**|**li**|**tät**, die Qua|li|tä|ten
die **Qual**|**le**, die Qual|len ❺
der **Qualm**
qual|**men**, es qualmt
der **Quark**
das **Quar**|**tett**, die Quar|tet|te
das **Quar**|**tier**, die Quar|tie|re
quas|**seln**, du quasselst

der **Quatsch**
quat|**schen**, du quatschst
das **Queck**|**sil**|**ber**
die **Quel**|**le**, die Quel|len
quel|**len**, es quillt, es quoll
quen|**geln**, du quengelst
quer
die **Quer**|**flö**|**te**, die Quer|flö|ten
der **Quer**|**schnitt**,
die Quer|schnit|te
quer|**schnitt**|**ge**|**lähmt** –
quer|schnitts|ge|lähmt
quet|**schen**, du quetschst
die **Quet**|**schung**,
die Quet|schun|gen ❼

quie|ken, du quiekst

quiet|schen, es quietscht

es **quillt** ◁ quellen

der **Quirl**, die Quir|le

quir|len, du quirlst

quitt

die **Quit|te**, die Quit|ten

quit|tie|ren, du quittierst

die **Quit|tung**, die Quit|tun|gen

das **Quiz** ❽

es **quoll** ◁ quellen

die **Quo|te**, die Quo|ten

der **Quo|ti|ent**,
die Quo|ti|en|ten

der **Ra|batt**, die Ra|bat|te ❺

der **Ra|be**, die Ra|ben

die **Ra|che**

der **Ra|chen**, die Ra|chen

sich **rä|chen**, du rächst dich

das **Rad**, die Rä|der

der **Ra|dar** – das Ra|dar,
die Ra|da|re

der **Ra|dau**

der **Rad|fah|rer**,
die Rad|fah|rer

die **Rad|fah|re|rin**,
die Rad|fah|re|rin|nen ❹

ra|die|ren, du radierst

der **Ra|dier|gum|mi**,
die Ra|dier|gum|mis

das **Ra|dies|chen**,
die Ra|dies|chen ❷

ra|di|kal

das **Ra|dio**, die Ra|di|os

der **Ra|di|us**, die Ra|di|en

raf|fen, du raffst

raf|fi|niert

der **Rah|men**, die Rah|men

die **Ra|ke|te**, die Ra|ke|ten ❶

die **Ral|lye**, die Ral|lyes

der **Ra|ma|dan**

ram|men, du rammst

A
B
C
D
E
F
G
H
I
J
K
L
M
N
O
P
Q
R
S
T
U
V
W
X
Y
Z

die **Ram|pe**, die Ram|pen

der **Rand**, die Rän|der ❻

der **Rang**, die Rän|ge

sie **rang** ◁ ringen

ran|gie|ren, du rangierst

es **rann** ◁ rinnen

er **rann|te** ◁ rennen

der **Ran|zen**, die Ran|zen ❼

ran|zig

der **Rap**, die Raps

der **Rap|pe**, die Rap|pen

der **Rap|per**, die Rap|per

die **Rap|pe|rin**,

die Rap|pe|rin|nen

der **Raps**

rar

ra|sant

rasch

ra|scheln, es raschelt

der **Ra|sen**, die Ra|sen

ra|sen, du rast

sich **ra|sie|ren**, du rasierst dich

die **Ras|se**, die Ras|sen

die **Ras|sel**, die Ras|seln ❺

ras|seln, du rasselst

die **Rast**, die Ras|ten

ras|ten, du rastest

die **Rast|stät|te**,

die Rast|stät|ten

der **Rat**, die Rä|te ❻

die **Ra|te**, die Ra|ten

ra|ten, du rätst, sie riet

das **Rat|haus**, die Rat|häu|ser

der **Rat|schlag**, die Rat|schlä|ge

das **Rät|sel**, die Rät|sel

du **rätst** ◁ raten

die **Rat|te**, die Rat|ten

rat|tern, es rattert

rau

rau|ben, du raubst

der **Räu|ber**, die Räu|ber ❹

die **Räu|be|rin**,

die Räu|be|rin|nen

der **Rauch**

rau|chen, du rauchst

räu|chern, du räucherst

rau|fen, du raufst ❷

die **Rau|fe|rei**, die Rau|fe|rei|en

der **Raum**, die Räu|me

räu|men, du räumst

die **Rau|pe**, die Rau|pen ❶

der **Rau|reif**

raus

der **Rausch**, die Räu|sche

rau|schen, es rauscht

sich **räus|pern**,

du räusperst dich

die **Raz|zia**, die Raz|zi|en

re|agie|ren, du reagierst

die **Re|ak|ti|on**,
die Re|ak|tio|nen
rea|lis|tisch

die **Rea|li|tät**, die Rea|li|tä|ten

die **Re|al|schu|le**,
die Re|al|schu|len

die **Re|be**, die Re|ben

der **Re|chen**, die Re|chen
re|chen, du rechst
rech|nen, du rechnest

der **Rech|ner**, die Rech|ner ❼

die **Rech|nung**,
die Rech|nun|gen ❼

das **Recht**, die Rech|te ❻
recht

das **Recht|eck**, die Recht|ecke
recht|eckig

sich **recht|fer|ti|gen**,
du rechtfertigst dich
rechts
recht|zei|tig

das **Reck**, die Re|cke

sich **re|cken**, du reckst dich
re|cy|celn, du recycelst

das **Re|cyc|ling**

die **Re|de**, die Re|den
re|den, du redest

die **Re|form**, die Re|for|men

der **Re|for|ma|ti|ons|tag**

das **Re|gal**, die Re|ga|le

die **Re|gel**, die Re|geln
re|gel|mä|βig
re|geln, du regelst

der **Re|gen**

sich **re|gen**, du regst dich
re|gie|ren, du regierst

die **Re|gie|rung**,
die Re|gie|run|gen

das **Re|gime**,
die Re|gi|me – Re|gimes

die **Re|gi|on**, die Re|gio|nen
re|gio|nal

der **Re|gis|seur**,
die Re|gis|seu|re

die **Re|gis|seu|rin**,
die Re|gis|seu|rin|nen
reg|nen, es regnet
reg|ne|risch

das **Reh**, die Re|he
rei|ben, du reibst, sie rieb

die **Rei|ung**, die Rei|bun|gen
reich
rei|chen, es reicht
reich|lich

der **Reich|tum**, die Reich|tü|mer
reif

der **Reif**

der **Rei|fen**, die Rei|fen

die **Rei|he**, die Rei|hen

der **Reim**, die Rei|me ❶

   rei|men, du reimst

   rein

   rei|ni|gen, du reinigst ❷

die **Rei|ni|gung**,

   die Rei|ni|gun|gen

der **Reis**

die **Rei|se**, die Rei|sen

   rei|sen, du reist

   rei|ßen, du reißt, er riss ❽

der **Reiß|ver|schluss**,

   die Reiß|ver|schlüs|se

   rei|ten, du reitest, er ritt

der **Reiz**, die Rei|ze

   rei|zen, du reizt

   rei|zend ❻

die **Re|kla|me**, die Re|kla|men

der **Re|kord**, die Re|kor|de

der **Rek|tor**, die Rek|to|ren

die **Rek|to|rin**,

   die Rek|to|rin|nen

   re|la|tiv

die **Re|li|gi|on**, die Re|li|gio|nen

   reli|gi|ös

   rem|peln, du rempelst

das **Ren|nen**, die Ren|nen

   ren|nen, du rennst, er rannte

re|no|vie|ren, du renovierst

die **Ren|te**, die Ren|ten

sich **ren|tie|ren**, es rentiert sich

der **Rent|ner**, die Rent|ner

die **Rent|ne|rin**,

   die Rent|ne|rin|nen

die **Re|pa|ra|tur**,

   die Re|pa|ra|tu|ren ❷

   re|pa|rie|ren, du reparierst

die **Re|por|ta|ge**,

   die Re|por|ta|gen

der **Re|por|ter**, die Re|por|ter

die **Re|por|te|rin**,

   die Re|por|te|rin|nen

das **Rep|til**, die Rep|ti|li|en

die **Re|pub|lik**, die Re|pub|li|ken

die **Re|ser|ve**, die Re|ser|ven

   re|ser|vie|ren, du reservierst

der **Res|pekt**

der **Rest**, die Res|te

das **Res|tau|rant**,

   die Res|tau|rants

   ret|ten, du rettest ❺

der **Ret|tich**, die Ret|ti|che

die **Ret|tung**, die Ret|tun|gen ❼

die **Reue**

das **Re|vier**, die Re|vie|re

der **Re|vol|ver**, die Re|vol|ver

das **Re|zept**, die Re|zep|te

der **Rha|bar|ber**
der **Rhein**
   Rhein|land-Pfalz
   rhyth|misch
der **Rhyth|mus**, die Rhyth|men
   rich|ten, du richtest
der **Rich|ter**, die Rich|ter
die **Rich|te|rin**,
   die Rich|te|rin|nen
   rich|tig
die **Rich|tung**, die Rich|tun|gen
sie **rieb** ◁ reiben
   rie|chen, du riechst, er roch
sie **rief** ◁ rufen
der **Rie|gel**, die Rie|gel
der **Rie|men**, die Rie|men
der **Rie|se**, die Rie|sen ❷
   rie|seln, es rieselt
   rie|sig
die **Rie|sin**, die Rie|sin|nen
sie **riet** ◁ raten
das **Riff**, die Rif|fe
die **Ril|le**, die Ril|len ❺
das **Rind**, die Rin|der ❻
die **Rin|de**, die Rin|den
der **Ring**, die Rin|ge
   rin|gen, du ringst, sie rang
   rings|he|rum
die **Rin|ne**, die Rin|nen

   rin|nen, es rinnt, es rann
die **Rip|pe**, die Rip|pen
das **Ri|si|ko**,
   die Ri|si|ken – Ri|si|kos
   ris|kie|ren, du riskierst
der **Riss**, die Ris|se
   er **riss** ◁ rei|ßen
   ris|sig
der **Ritt**, die Rit|te
   er **ritt** ◁ reiten
der **Rit|ter**, die Rit|ter
die **Rit|ze**, die Rit|zen
die **Rob|be**, die Rob|ben
der **Ro|bo|ter**, die Ro|bo|ter
   ro|bust
   er **roch** ◁ riechen
   rö|cheln, du röchelst
der **Rock**, die Rö|cke ❼
   ro|deln, du rodelst
der **Rog|gen**
   roh ❽
das **Rohr**, die Roh|re
die **Röh|re**, die Röh|ren
die **Rol|le**, die Rol|len
   rol|len, du rollst
der **Rol|ler**, die Rol|ler
das **Rol|lo**, die Rol|los
der **Ro|man**, die Ro|ma|ne
   ro|man|tisch

rönt|gen, sie wird geröntgt

ro|sa

die Ro|se, die Ro|sen

ro|sig

die Ro|si|ne, die Ro|si|nen

der Rost

ros|ten, es rostet

rös|ten, du röstest

ros|tig

rot

rub|beln, du rubbelst

die Rü|be, die Rü|ben

der Ruck, die Ru|cke

der Rü|cken, die Rü|cken

rü|cken, du rückst

die Rück|kehr

die Rück|sicht,

die Rück|sich|ten

rück|sichts|los

rück|wärts

der Ruck|sack, die Ruck|sä|cke

der Rück|tritt, die Rück|trit|te

das Ru|del, die Ru|del

das Ru|der, die Ru|der ❷

ru|dern, du ruderst

der Ruf, die Ru|fe

ru|fen, du rufst, sie rief

die Rü|ge, die Rü|gen

die Ru|he

ru|hig

der Ruhm ❽

rüh|ren, du rührst

die Rui|ne, die Rui|nen

Ru|mä|ni|en

der Rum|mel|platz,

die Rum|mel|plät|ze

rümp|fen, du rümpfst

rund ❻

die Run|de, die Run|den

der Rund|funk

run|zeln, du runzelst

runz|lig

rup|fen, du rupfst

der Ruß

der Rüs|sel, die Rüs|sel

ru|ßig

Russ|land

rüs|tig

die Rüs|tung,

die Rüs|tun|gen ❼

die Ru|te, die Ru|ten

die Rut|sche, die Rut|schen

rut|schen, du rutschst

rüt|teln, du rüttelst

S

s (Sekunde)

S. (Seite)

der **Saal**, die Sä|le

das **Saar|land**

die **Saat**, die Saa|ten

der **Sab|bat**

die **Sa|che**, die Sa|chen

sach|lich

säch|lich

Sach|sen

Sach|sen-An|halt

der **Sack**, die Sä|cke

die **Sack|gas|se**,
die Sack|gas|sen

sä|en, du säst

der **Safe** – das Safe, die Safes

der **Saft**, die Säf|te

saf|tig

die **Sa|ge**, die Sa|gen

die **Sä|ge**, die Sä|gen

sa|gen, du sagst

sä|gen, du sägst

sa|gen|haft

er **sah** ◁ sehen

die **Sah|ne**

sah|nig ❻

die **Sai|son**, die Sai|sons

die **Sai|te** (z.B. Gitarrensaite),
die Sai|ten ❽

der **Sa|la|man|der**,
die Sa|la|man|der

die **Sa|la|mi**, die Sa|la|mis

der **Sa|lat**, die Sa|la|te

die **Sal|be**, die Sal|ben

der **Sal|to**, die Sal|tos – Sal|ti

das **Salz**, die Sal|ze

sal|zig

der **Sa|men**, die Sa|men

sam|meln, du sammelst ❷

die **Samm|lung**,
die Samm|lun|gen

der **Sams|tag**, die Sams|ta|ge

sams|tags

sämt|lich

der **Sand**

die **San|da|le**, die San|da|len

san|dig

er **sand|te** ◁ senden

sanft

er **sang** ◁ singen

der **Sän|ger**, die Sän|ger

die **Sän|ge|rin**,
die Sän|ge|rin|nen

der **Sa**|**ni**|**tä**|**ter**, die Sa|ni|tä|ter
die **Sa**|**ni**|**tä**|**te**|**rin**,
   die Sa|ni|tä|te|rin|nen
es **sank** ◁ sinken
der **Sarg**, die Sär|ge
sie **saß** ◁ sitzen
der **Sa**|**tel**|**lit**, die Sa|tel|li|ten
  satt
der **Sat**|**tel**, die Sät|tel ❺
der **Sa**|**turn**
der **Satz**, die Sät|ze
die **Satz**|**aus**|**sa**|**ge**,
   die Satz|aus|sa|gen
der **Satz**|**ge**|**gen**|**stand**,
   die Satz|ge|gen|stän|de
die **Sau**, die Säue
  sau|**ber** ❶
  säu|**bern**, du säuberst
  sau|**er**
  säu|**er**|**lich**
der **Sau**|**er**|**stoff**
  sau|**fen**, du säufst, es soff
du **säufst** ◁ saufen
  sau|**gen**, du saugst,
   sie sog ❸
das **Säu**|**ge**|**tier**,
   die Säu|ge|tie|re
der **Säug**|**ling**, die Säug|lin|ge
die **Säu**|**le**, die Säu|len

der **Saum**, die Säu|me
die **Sau**|**na**,
   die Sau|nas – Sau|nen
die **Säu**|**re**, die Säu|ren
der **Sau**|**ri**|**er**, die Sau|ri|er
  sau|**sen**, du saust
die **S-Bahn**, die S-Bah|nen
der **Scan**|**ner**, die Scan|ner
  scha|**ben**, du schabst
  schä|**big**
die **Schab**|**lo**|**ne**,
   die Schab|lo|nen
das **Schach**
der **Schacht**, die Schäch|te
die **Schach**|**tel**, die Schach|teln
  scha|**de**
der **Schä**|**del**, die Schä|del
der **Scha**|**den**, die Schä|den ❹
  scha|**den**, du schadest
  schäd|**lich**
der **Schäd**|**ling**, die Schäd|lin|ge
das **Schaf**, die Scha|fe
der **Schä**|**fer**, die Schä|fer
die **Schä**|**fe**|**rin**,
   die Schä|fe|rin|nen
  schaf|**fen**, du schaffst
der **Schal**, die Schals
die **Scha**|**le**, die Scha|len
  schä|**len**, du schälst

160

der **Schall**,

die Schal|le – Schäl|le

schal|len, es schallt

die **Schall|plat|te**,

die Schall|plat|ten

schal|ten, du schaltest

der **Schal|ter**, die Schal|ter

sich **schä|men**, du schämst dich

die **Schan|ze**, die Schan|zen

die **Schar**, die Scha|ren

scharf, schärfer,

am schärfsten

die **Schär|fe**

schär|fer,

am schärfsten ◁ scharf

der **Schar|lach**

schar|ren, du scharrst

das **Schasch|lik** –

der Schasch|lik,

die Schasch|liks

der **Schat|ten**, die Schat|ten

schat|tig ❻

der **Schatz**, die Schät|ze

schät|zen, du schätzt

die **Schau**, die Schau|en

schau|en, du schaust

der **Schau|er**, die Schau|er

die **Schau|fel**, die Schau|feln

schau|feln, du schaufelst

die **Schau|kel**, die Schau|keln

schau|keln, du schaukelst

der **Schaum**, die Schäu|me

schäu|men, du schäumst

schau|rig

der **Schau|spie|ler**,

die Schau|spie|ler

die **Schau|spie|le|rin**,

die Schau|spie|le|rin|nen

der **Scheck**, die Schecks

die **Schei|be**, die Schei|ben

die **Schei|de**, die Schei|den

sich **schei|den lassen**,

du lässt dich scheiden,

sie ließen sich scheiden

die **Schei|dung**,

die Schei|dun|gen ❼

der **Schein**, die Schei|ne

schein|bar

schei|nen, es scheint,

es schien

der **Schei|tel**, die Schei|tel

schei|tern, du scheiterst

der **Schen|kel**, die Schen|kel

schen|ken, du schenkst

die **Scher|be**, die Scher|ben

die **Sche|re**, die Sche|ren

der **Scherz**, die Scher|ze

scher|zen, du scherzt

die **Scheu**

scheu

scheu|ern, du scheuerst

die **Scheu|ne**, die Scheu|nen

scheuß|lich

der **Schi** – Ski,

die Schi|er – Ski|er ❽

die **Schicht**, die Schich|ten

schick – chic

schi|cken, du schickst

das **Schick|sal**, die Schick|sa|le

schie|ben, du schiebst,

sie schob ❷

der **Schieds|rich|ter**,

die Schieds|rich|ter

die **Schieds|rich|te|rin**,

die Schieds|rich|te|rin|nen

schief

schie|len, du schielst

es **schien** ◁ scheinen

das **Schien|bein**,

die Schien|bei|ne

die **Schie|ne**, die Schie|nen

schie|ßen, du schießt,

sie schoss ❹

das **Schiff**, die Schif|fe

die **Schiff|fahrt**,

die Schiff|fahr|ten

die **Schi|ka|ne**, die Schi|ka|nen

schi|ka|nie|ren,

du schikanierst

das **Schild**, die Schil|der

schil|dern, du schilderst

die **Schild|krö|te**,

die Schild|krö|ten

das **Schilf**, die Schil|fe

schil|lern, es schillert

der **Schim|mel**,

die Schim|mel ❺

schim|me|lig – schimm|lig

schim|mern, es schimmert

schimp|fen, du schimpfst

der **Schin|ken**, die Schin|ken

die **Schip|pe**, die Schip|pen

der **Schirm**, die Schir|me

schlach|ten, du schlachtest

der **Schlaf**

die **Schlä|fe**, die Schlä|fen

schla|fen, du schläfst,

sie schlief ❸

schlaff

schlä|fe|rig – schläf|rig

du **schläfst** ◁ schlafen

der **Schlag**, die Schlä|ge

schla|gen, du schlägst,

er schlug

die **Schlä|ge|rei**,

die Schlä|ge|rei|en

du **schlägst** ◁ schlagen

der **Schlamm**

schlam|mig

die **Schlam|pe|rei**,

die Schlam|pe|rei|en

schlam|pig

sie **schlang** ◁ schlingen

die **Schlan|ge**, die Schlan|gen

schlank

schlapp

das **Schla|raf|fen|land**

schlau ❶

der **Schlauch**, die Schläu|che

die **Schlau|fe**, die Schlau|fen

schlecht

schle|cken, du schleckst ❺

schlei|chen, du schleichst,

er schlich

der **Schlei|er**, die Schlei|er

schlei|er|haft

die **Schlei|fe**, die Schlei|fen

schlei|fen, du schleifst,

sie schliff

der **Schleim**

schlei|mig

schlen|dern, du schlenderst

schlep|pen, du schleppst

der **Schlep|per**, die Schlep|per

Schles|wig-Hol|stein

schleu|dern, du schleuderst

schleu|nigst

die **Schleu|se**, die Schleu|sen

er **schlich** ◁ schleichen

schlicht

schlich|ten, du schlichtest

er **schlief** ◁ schlafen

schlie|ßen, du schließt,

er schloss ❹

schließ|lich

sie **schliff** ◁ schleifen

schlimm

schlin|gen, du schlingst,

sie schlang

der **Schlit|ten**, die Schlit|ten

schlit|tern, du schlitterst

der **Schlitz**, die Schlit|ze

das **Schloss**, die Schlös|ser

er **schloss** ◁ schließen

schlot|tern, du schlotterst

die **Schlucht**, die Schluch|ten

schluch|zen, du schluchzt

der **Schluck**, die Schlu|cke

der **Schluck|auf**

schlu|cken, du schluckst

er **schlug** ◁ schlagen

schlum|mern,

du schlummerst

schlüp|fen, du schlüpfst

163

schlüpf|rig

schlur|fen, du schlurfst

schlür|fen, du schlürfst

der Schluss, die Schlüs|se

der Schlüs|sel, die Schlüs|sel

schmäch|tig

schmack|haft

schmal ❶

das Schmalz, die Schmal|ze

schmat|zen, du schmatzt

schme|cken, es schmeckt

schmei|cheln,
du schmeichelst

schmei|ßen, du schmeißt,
sie schmiss

schmel|zen, es schmilzt,
es schmolz

der Schmerz, die Schmer|zen

schmerz|haft ❸

der Schmet|ter|ling,
die Schmet|ter|lin|ge

schmie|den, du schmiedest

schmie|ren, du schmierst ❷

schmie|rig

es schmilzt ◁ schmelzen

die Schmin|ke, die Schmin|ken

schmin|ken, du schminkst

sie schmiss ◁ schmeißen

schmö|kern, du schmökerst

schmol|len, du schmollst

es schmolz ◁ schmelzen

schmo|ren, es schmort

der Schmuck

schmü|cken, du schmückst

schmug|geln,
du schmuggelst

schmun|zeln,
du schmunzelst

schmu|sen, du schmust

der Schmutz

schmut|zig ❻

der Schna|bel, die Schnä|bel

die Schna|ke, die Schna|ken

die Schnal|le, die Schnal|len

schnal|zen, du schnalzt

das Schnäpp|chen,
die Schnäpp|chen

schnap|pen, du schnappst

der Schnaps, die Schnäp|se

schnar|chen, du schnarchst

schnat|tern, du schnatterst

schnau|ben, du schnaubst

schnau|fen, du schnaufst

die Schnau|ze, die Schnau|zen

sich schnäu|zen,
du schnäuzt dich

die Schne|cke, die Schne|cken

der Schnee ❽

schnei|**den**, du schneidest,
sie schnitt
die **Schnei**|**de**|**rei**,
die Schnei|de|rei|en
schnei|**en**, es schneit
schnell
die **Schnel**|**lig**|**keit** ❼
schnip|**peln**, du schnippelst
der **Schnitt**, die Schnit|te
sie **schnitt** ◁ schneiden
der **Schnitt**|**lauch**
das **Schnit**|**zel**, die Schnit|zel
schnit|**zen**, du schnitzt
der **Schnor**|**chel**,
die Schnor|chel
schnüf|**feln**, du schnüffelst
der **Schnul**|**ler**, die Schnul|ler
der **Schnup**|**fen**, die Schnup|fen
schnup|**pern**,
du schnupperst ❺
die **Schnur**, die Schnü|re
schnü|**ren**, du schnürst
schnur|**ren**, sie schnurrt
der **Schnür**|**sen**|**kel**,
die Schnür|sen|kel
er **schob** ◁ schieben
der **Schock**, die Schocks
die **Scho**|**ko**|**la**|**de**,
die Scho|ko|la|den

schon ❶
schön
scho|**nen**, du schonst
die **Schön**|**heit** ❼
die **Scho**|**nung** (Nachsicht)
die **Scho**|**nung** (junger
geschützter Baumbestand),
die Scho|nun|gen
schöp|**fen**, du schöpfst
die **Schöp**|**fung**
der **Schorn**|**stein**,
die Schorn|stei|ne
der **Schoß**, die Schö|ße ❽
sie **schoss** ◁ schießen
der **Schot**|**ter**
schräg
die **Schram**|**me**,
die Schram|men
der **Schrank**, die Schrän|ke
die **Schran**|**ke**, die Schran|ken
die **Schrau**|**be**,
die Schrau|ben
schrau|**ben**, du schraubst
der **Schreck** – Schre|cken,
die Schre|cken
schreck|**lich** ❸
der **Schrei**, die Schreie
schrei|**ben**, du schreibst,
er schrieb

schrei|en, du schreist,
sie schrie

die Schrei|ne|rei,
die Schrei|ne|rei|en

sie schrie ◁ schreien

er schrieb ◁ schreiben

die Schrift, die Schrif|ten

schrift|lich

schrill

die Schrip|pe, die Schrip|pen

der Schritt, die Schrit|te

schroff

der Schrott

schrub|ben, du schrubbst

der Schrub|ber, die Schrub|ber

schrump|fen, es schrumpft

das Schub|fach,
die Schub|fä|cher

die Schub|kar|re,
die Schub|kar|ren

die Schub|la|de,
die Schub|la|den

der Schubs, die Schub|se

schub|sen, du schubst

schüch|tern

der Schuh, die Schu|he

die Schuld, die Schul|den ❻

schul|den, du schuldest

schul|dig

die Schu|le, die Schu|len

der Schü|ler, die Schü|ler

die Schü|le|rin,
die Schü|le|rin|nen

die Schul|ter, die Schul|tern

schum|meln, du schummelst

die Schup|pe, die Schup|pen

der Schup|pen, die Schup|pen

schü|ren, du schürst

die Schür|ze, die Schür|zen

der Schuss, die Schüs|se

die Schüs|sel, die Schüs|seln

schus|se|lig – schuss|lig

der Schus|ter, die Schus|ter

die Schus|te|rin,
die Schus|te|rin|nen

der Schutt

schüt|teln, du schüttelst ❷

schüt|ten, du schüttest

der Schutz, die Schut|ze ❹

der Schüt|ze, die Schüt|zen

die Schüt|zin, die Schüt|zin|nen

schüt|zen, du schützt

schwach, schwächer,
am schwächsten

die Schwä|che, die Schwä|chen

schwä|cher,
am schwächsten ◁ schwach

schwäch|lich

der **Schwa**|**ger**, die Schwä|ger

die **Schwä**|**ge**|**rin**,
die Schwä|ge|rin|nen

die **Schwal**|**be**, die Schwal|ben

der **Schwamm**, die Schwäm|me

er **schwamm** ◁ schwimmen

der **Schwan**, die Schwä|ne

sie **schwang** ◁ schwingen

schwan|**ger**

die **Schwan**|**ger**|**schaft**,
die Schwan|ger|schaf|ten

schwan|**ken**, du schwankst

der **Schwanz**, die Schwän|ze

schwän|**zen**, du schwänzt

der **Schwarm**, die Schwär|me

schwär|**men**, du schwärmst

schwarz

schwat|**zen** – schwät|zen,
du schwatzt – schwätzt ❸

schwe|**ben**, du schwebst

Schwe|**den**

schwei|**gen**, du schweigst,
sie schwieg

schweig|**sam**

das **Schwein**, die Schwei|ne

der **Schweiß**

schwei|**ßen**, du schweißt

die **Schweiz**

die **Schwel**|**le**, die Schwel|len

schwel|**len**, es schwillt,
es schwoll

schwen|**ken**, du schwenkst

schwer

schwer|**fäl**|**lig**

schwer|**hö**|**rig**

der **Schwer**|**punkt**,
die Schwer|punk|te

das **Schwert**, die Schwer|ter

die **Schwes**|**ter**,
die Schwes|tern

sie **schwieg** ◁ schweigen

schwie|**rig** ❷

die **Schwie**|**rig**|**keit**,
die Schwie|rig|kei|ten ❼

es **schwillt** ◁ schwellen

schwim|**men**, du schwimmst,
er schwamm ❺

der **Schwin**|**del**

schwin|**de**|**lig** – schwind|lig

schwin|**deln**, du schwindelst

schwin|**gen**, du schwingst,
sie schwang

schwir|**ren**, du schwirrst

schwit|**zen**, du schwitzt

es **schwoll** ◁ schwellen

sie **schwor** ◁ schwören

schwö|**ren**, du schwörst,
sie schwor

schwül

der **Schwung**, die Schwün|ge

sechs

sechs|**mal**

sech|**zig** **6**

der **See** (größeres Gewässer im Land), die Se|en

die **See** (Meer)

die **See**|**le**, die See|len

das **Se**|**gel**, die Se|gel

se|**geln**, du segelst

der **Se**|**gen**, die Se|gen

se|**hen**, du siehst, er sah

die **Seh**|**ne**, die Seh|nen

sich **seh**|**nen**, du sehnst dich

die **Sehn**|**sucht**, die Sehn|süch|te

sehr **8**

seicht

ihr **seid** ◁ sein

die **Sei**|**de**, die Sei|den

die **Sei**|**fe**, die Sei|fen

das **Seil**, die Sei|le

sein, du bist, sie war

sein

seine

seiner

seit

seit|**dem**

die **Sei**|**te** (z.B. S.3) (z.B. Buchseite), die Sei|ten

seit|**her**

seit|**wärts**

der **Sek**|**re**|**tär**, die Sek|re|tä|re

das **Sek**|**re**|**ta**|**ri**|**at**, die Sek|re|ta|ri|ate

die **Sek**|**re**|**tä**|**rin**, die Sek|re|tä|rin|nen

der **Sekt**

die **Sek**|**te**, die Sek|ten

die **Se**|**kun**|**de** (z.B. 5 s), die Se|kun|den

sel|**ber**

selbst

der **Selbst**|**laut**, die Selbst|lau|te

selbst|**stän**|**dig** – selb|stän|dig

selbst|**ver**|**ständ**|**lich**

se|**lig**

sel|**ten** **1**

selt|**sam**

die **Sem**|**mel**, die Sem|meln

sen|**den**, du sendest, er sandte – sendete **4**

der **Sen**|**der**, die Sen|der

die **Sen**|**dung**, die Sen|dun|gen

der **Senf**, die Sen|fe

sen|**ken**, du senkst

senk|recht

die Senk|rech|te,
die Senk|rech|ten

die Sen|sa|ti|on,
die Sen|sa|tio|nen

sen|sa|tio|nell

die Sen|se, die Sen|sen

sen|si|bel

der Sep|tem|ber

Ser|bi|en

die Se|rie, die Se|ri|en

die Ser|pen|ti|ne,
die Ser|pen|ti|nen

der Ser|vice – das Ser|vice,
die Ser|vi|ces

ser|vie|ren, du servierst

die Ser|vi|et|te, die Ser|vi|et|ten

der Ses|sel, die Ses|sel

sich set|zen, du setzt dich

die Seu|che, die Seu|chen

seuf|zen, du seufzt

das Sham|poo, die Sham|poos

der She|riff, die She|riffs

das Shirt, die Shirts

der Shop, die Shops

shop|pen, er shoppt

die Shorts, die Shorts

die Show, die Shows

sich

die Si|chel, die Si|cheln

si|cher

die Si|cher|heit,
die Si|cher|hei|ten

si|cher|lich

si|chern, du sicherst

die Si|che|rung,
die Si|che|run|gen ❼

die Sicht

sicht|bar

sie

das Sieb, die Sie|be

sie|ben, du siebst

sie|ben ❷

sie|ben|mal

sieb|zig

die Sied|lung, die Sied|lun|gen

der Sieg, die Sie|ge ❻

sie|gen, du siegst

du siehst ◁ sehen

das Sig|nal, die Sig|na|le

die Sil|be, die Sil|ben

das Sil|ber

das Si|lo, die Si|los

Sil|ves|ter

sie sind, sie waren ◁ sein

sin|gen, du singst, er sang

der Sin|gle, die Sin|gles

der Sin|gu|lar

sin|ken, es sinkt, es sank

der **Sinn**, die Sin|ne

sinn|los ❸

sinn|voll

die **Sint|flut**

die **Si|re|ne**, die Si|re|nen

der **Si|rup**, die Si|ru|pe – Si|rups

die **Sit|te**, die Sit|ten

die **Si|tua|ti|on**, die Si|tua|tio|nen

sit|zen, du sitzt, sie saß ❹

die **Sit|zung**, die Sit|zun|gen

die **Ska|la**, die Ska|len

der **Skan|dal**, die Skan|da|le

das **Skate|board**, die Skate|boards

das **Ske|lett**, die Ske|let|te

der **Sketch**, die Sket|che

der **Ski** – Schi, die Ski|er – Schi|er

die **Skiz|ze**, die Skiz|zen

der **Skla|ve**, die Skla|ven

die **Skla|vin**, die Skla|vin|nen

der **Skor|pi|on**, die Skor|pio|ne

der **Sla|lom**, die Sla|loms

der **Slip**, die Slips

Slo|wa|kei

Slo|we|ni|en

das **Smart|phone** – Smart Phone, die Smart|phones – Smart Phones

der **Smog**, die Smogs

das **Snow|board**, die Snow|boards

so

so|bald

die **So|cke** – der So|cken, die So|cken ❺

so|dass – so dass

das **So|fa**, die So|fas

es **soff** ◁ saufen

so|fort

das **Soft|eis**

die **Soft|ware**, die Soft|wares

sie **sog** ◁ saugen

so|gar

die **Soh|le** (Schuhsohle), die Soh|len

der **Sohn**, die Söh|ne ❽

die **So|lar|ener|gie**

sol|che

sol|cher

sol|ches

der **Sol|dat**, die Sol|da|ten

die **Sol|da|tin**, die Sol|da|tin|nen

die **So|le** (Salzwasser), die So|len

sol|len, du sollst

das **So**|lo, die Soli – Solos

so|mit

der **Som**|mer, die Som|mer

son|der|bar

son|dern ❶

der **Song**, die Songs

der **Sonn**|abend,

die Sonn|aben|de

sonn|abends

die **Son**|ne, die Son|nen

son|nig

der **Sonn**|tag, die Sonn|ta|ge

sonn|tags

sonst

so|oft

die **Sor**|ge, die Sor|gen

sor|gen, du sorgst ❶

die **Sorg**|falt

sorg|fäl|tig

die **Sor**|te, die Sor|ten

sor|tie|ren, du sortierst

die **So**|ße, die So|ßen

der **Sound**, die Sounds

so|weit

so|wie|so

so|wohl

so|zi|al

so|zu|sa|gen

die **Spa**|ghet|ti – Spa|get|ti

spä|hen, du spähst

der **Spalt** – die Spal|te,

die Spal|ten

der **Span**, die Spä|ne

die **Span**|ge, die Span|gen

Spa|ni|en

er **spann** ◁ spinnen

span|nen, du spannst

span|nend

die **Span**|nung,

die Span|nun|gen ❼

spa|ren, du sparst

der **Spar**|gel, die Spar|gel

spar|sam

der **Spaß**, die Spä|ße ❹

spa|ßen, du spaßt

spa|ßig

spät

der **Spa**|ten, die Spa|ten

spä|tes|tens

der **Spatz**, die Spat|zen

spa|zie|ren, du spazierst

der **Spa**|zier|gang,

die Spa|zier|gän|ge

der **Specht**, die Spech|te

der **Speck**, die Spe|cke

spe|ckig

der **Speer**, die Spee|re

171

die **Spei|che**, die Spei|chen

der **Spei|chel**

der **Spei|cher**, die Spei|cher

   spei|chern, du speicherst

die **Spei|se**, die Spei|sen

   spei|sen, du speist

die **Spen|de**, die Spen|den

   spen|den, du spendest ❸

der **Sper|ling**, die Sper|lin|ge

die **Sper|re**, die Sper|ren

   sper|ren, du sperrst

sich **spe|zia|li|sie|ren**,

   du spezialisierst dich

die **Spe|zia|li|tät**,

   die Spe|zia|li|tä|ten

   spe|zi|ell

   spi|cken, du spickst

der **Spick|zet|tel**,

   die Spick|zet|tel

der **Spie|gel**, die Spie|gel

   spie|geln, du spiegelst

das **Spiel**, die Spie|le

   spie|len, du spielst ❷

der **Spieß**, die Spie|ße

der **Spi|nat** ❽

die **Spin|ne**, die Spin|nen

   spin|nen, du spinnst,

   er spann

   spio|nie|ren, du spionierst

die **Spi|ra|le**, die Spi|ra|len

der **Spi|ri|tus**

   spitz

die **Spit|ze**, die Spit|zen

der **Spit|zel**, die Spit|zel

   spit|zen, du spitzt ❺

der **Spit|zer**, die Spit|zer

der **Split|ter**, die Split|ter

   split|tern, es splittert

der **Spon|sor**, die Spon|so|ren

die **Spon|so|rin**,

   die Spon|so|rin|nen

   spon|tan

der **Sport**

   sport|lich

der **Spot** (Werbespot), die Spots

der **Spott** (Gemeinheit)

   spot|ten, du spottest

   spöt|tisch

sie **sprach** ◁ sprechen

die **Spra|che**, die Spra|chen

   sprach|lich

   sprach|los

er **sprang** ◁ springen

das **Spray**, die Sprays

   spre|chen, du sprichst,

   sie sprach

   spren|gen, du sprengst

du **sprichst** ◁ sprechen

das **Sprich**|**wort**,
   die Sprich|wör|ter
   sprin|**gen**, du springst,
   er sprang
der **Sprit**
die **Sprit**|**ze**, die Sprit|zen
   sprit|**zen**, du spritzt
   sprö|**de**
der **Spross**, die Spros|se
die **Spros**|**se**, die Spros|sen
der **Spruch**, die Sprü|che
der **Spru**|**del**, die Spru|del
   sprü|**hen**, du sprühst
der **Sprung**, die Sprün|ge ❻
die **Spu**|**cke**
   spu|**cken**, du spuckst
der **Spuk**
   spu|**ken**, es spukt
   spü|**len**, du spülst
die **Spur**, die Spu|ren ❼
   spü|**ren**, du spürst
   spur|**los**
der **Spurt**, die Spurts
   spur|**ten**, du spurtest
der **Staat**, die Staa|ten
   staat|**lich**
der **Stab**, die Stä|be ❻
   sta|**bil**
sie **stach** ◁ stechen

der **Sta**|**chel**, die Sta|cheln
   sta|**che**|**lig** – stach|lig
das **Sta**|**di**|**on**, die Sta|di|en
die **Stadt**, die Städ|te
   städ|**tisch**
die **Staf**|**fel**, die Staf|feln
der **Stahl**, die Stäh|le
   er **stahl** ◁ stehlen
der **Stall**, die Stäl|le
der **Stamm**, die Stäm|me ❸
   stam|**men**, du stammst
   stam|**meln**, du stammelst
   stamp|**fen**, du stampfst
der **Stand**, die Stän|de
   sie **stand** ◁ stehen
der **Stan**|**dard**, die Stan|dards
der **Stän**|**der**, die Stän|der
   stän|**dig**
die **Stan**|**ge**, die Stan|gen
der **Stän**|**gel**, die Stän|gel
   es **stank** ◁ stinken
der **Sta**|**pel**, die Sta|pel
   sta|**peln**, du stapelst
   stap|**fen**, du stapfst
der **Star** (Vogel), die Sta|re
der **Star** (z.B. Filmstar), die Stars
   er **starb** ◁ sterben
   stark, stärker,
   am stärksten ❹

die **Stär|ke**, die Stär|ken
stär|ker,
am stärksten ◁ stark
starr
star|ren, du starrst
der **Start**, die Starts
star|ten, du startest
die **Sta|ti|on**, die Sta|tio|nen
statt
statt|des|sen
statt|fin|den, es findet statt,
es fand statt
statt|lich
die **Sta|tue**, die Sta|tu|en
der **Stau**, die Staus
der **Staub**
stau|ben, es staubt
stau|big
die **Stau|de**, die Stau|den
sich **stau|en**, es staut sich
stau|nen, du staunst
das **Steak**, die Steaks
ste|chen, du stichst,
sie stach
ste|cken, du steckst
der **Ste|cker**, die Ste|cker
der **Steg**, die Ste|ge  ❻
ste|hen, du stehst,
sie stand

steh|len, du stiehlst,
er stahl ❽
steif
stei|gen, du steigst, sie stieg
stei|gern, du steigerst
steil
der **Stein**, die Stei|ne
der **Stein|bock**, die Stein|bö|cke
stei|nig
die **Stel|le**, die Stel|len
stel|len, du stellst ❺
stell|ver|tre|tend
die **Stel|ze**, die Stel|zen
stem|men, du stemmst
der **Stem|pel**, die Stem|pel
die **Step|pe**, die Step|pen
ster|ben, du stirbst, er starb
der **Stern**, die Ster|ne
die **Stern|schnup|pe**,
die Stern|schnup|pen
stets
das **Steu|er** (z.B. Lenkrad),
die Steu|er
die **Steu|er** (z.B.
Mehrwertsteuer),
die Steu|ern
steu|ern, du steuerst
der **Stich**, die Sti|che
du **stichst** ◁ stechen

sti|cken, du stickst

der Sti|cker, die Sti|cker

sti|ckig

der Stie|fel, die Stie|fel ❷

die Stief|el|tern

sie stieg ◁ steigen

du stiehlst ◁ stehlen

der Stiel (z.B. Besenstiel),
die Stie|le

der Stier, die Stie|re

er stieß ◁ stoßen

der Stift, die Stif|te

der Stil (z.B. Musikstil), die Sti|le

still

die Stil|le

die Stim|me, die Stim|men ❹

stim|men, es stimmt

die Stim|mung,
die Stim|mun|gen

stin|ken, es stinkt, es stank

du stirbst ◁ sterben

die Stirn – Stir|ne, die Stir|nen

stö|bern, du stöberst

sto|chern, du stocherst

der Stock, die Stö|cke

das Stock|werk,
die Stock|wer|ke

der Stoff, die Stof|fe

stöh|nen, du stöhnst

der Stol|len, die Stol|len

stol|pern, du stolperst

der Stolz

stolz

stol|zie|ren, du stolzierst

STOP (auf
Verkehrsschildern)

stop|fen, du stopfst

der Stopp, die Stopps

die Stop|pel, die Stop|peln

stop|pen, du stoppst ❺

der Stöp|sel, die Stöp|sel

der Storch, die Stör|che

stö|ren, du störst ❹

stör|risch

die Stö|rung, die Stö|run|gen

die Sto|ry, die Sto|rys

der Stoß, die Stö|ße

sto|ßen, du stößt, er stieß

stot|tern, du stotterst

straf|bar

die Stra|fe, die Stra|fen

der Strahl, die Strah|len

strah|len, du strahlst

die Strah|lung,
die Strah|lun|gen ❼

die Sträh|ne, die Sträh|nen

stramm

stram|peln, du strampelst

175

der **Strand**, die Strän|de ❻

die **Stra|pa|ze**, die Stra|pa|zen

die **Stra|ße**, die Stra|ßen

die **Stra|te|gie**, die Stra|te|gi|en

sich **sträu|ben**, du sträubst dich

der **Strauch**, die Sträu|cher

der **Strauß** (Vogel), die Strau|ße

der **Strauß** (z.B. Blumenstrauß),
    die Sträu|ße

    stre|ben, du strebst

die **Stre|cke**, die Stre|cken

sich **stre|cken**, du streckst dich

der **Street|ball**

der **Streich**, die Strei|che

    strei|cheln, du streichelst

    strei|chen, du streichst,
    er strich ❷

der **Strei|fen**, die Strei|fen

    strei|fen, du streifst

der **Streik**, die Streiks

    strei|ken, du streikst

der **Streit**, die Strei|te

    strei|ten, du streitest,
    sie stritt

    streng

der **Stress**

    stres|sig ❸

    streu|en, du streust

    streu|nen, du streunst

der **Strich**, die Stri|che

  er **strich** ◁ streichen

der **Strick**, die Stri|cke

    stri|cken, du strickst

sie **stritt** ◁ streiten

das **Stroh**

der **Strolch**, die Strol|che

der **Strom**, die Strö|me ❹

    strö|men, es strömt

die **Strö|mung**,
    die Strö|mun|gen

die **Stro|phe**, die Stro|phen

    strub|be|lig – strubb|lig

der **Stru|del**, die Stru|del

die **Struk|tur**, die Struk|tu|ren

der **Strumpf**, die Strümp|fe

    strup|pig

die **Stu|be**, die Stu|ben

das **Stück**, die Stü|cke

der **Stu|dent**, die Stu|den|ten

die **Stu|den|tin**,
    die Stu|den|tin|nen

    stu|die|ren, du studierst

das **Stu|dio**, die Stu|di|os

das **Stu|di|um**, die Stu|di|en

die **Stu|fe**, die Stu|fen

der **Stuhl**, die Stüh|le ❽

    stumm

    stumpf

die **Stun**|**de** (h), die Stun|den
    stünd|**lich**
    stur
der **Sturm**, die Stür|me
    stür|**men**, es stürmt
der **Stür**|**mer**, die Stür|mer
die **Stür**|**me**|**rin**,
    die Stür|me|rin|nen
    stür|**misch**
der **Sturz**, die Stür|ze
    stür|**zen**, du stürzt
die **Stu**|**te**, die Stu|ten
die **Stüt**|**ze**, die Stüt|zen
    stut|**zen**, du stutzt
    stüt|**zen**, du stützt
    stut|**zig**
das **Sty**|**ro**|**por** ❽
das **Sub**|**jekt**, die Sub|jek|te
das **Subs**|**tan**|**tiv**,
    die Subs|tan|ti|ve
die **Subs**|**tanz**, die Subs|tan|zen
    sub|**tra**|**hie**|**ren**,
    du subtrahierst
die **Sub**|**trak**|**ti**|**on**,
    die Sub|trak|tio|nen
die **Su**|**che**, die Su|chen
    su|**chen**, du suchst ❹
die **Sucht**, die Süch|te
    süch|**tig** ❻

der **Sü**|**den**
    süd|**lich**
die **Sum**|**me**, die Sum|men
    sum|**men**, du summst
der **Sumpf**, die Sümp|fe
die **Sün**|**de**, die Sün|den
    sün|**di**|**gen**, du sündigst
    su|**per** ❶
der **Su**|**per**|**markt**,
    die Su|per|märk|te
die **Sup**|**pe**, die Sup|pen
    sur|**fen**, du surfst
    süß
die **Sü**|**ßig**|**keit**,
    die Sü|ßig|kei|ten
    süß|**lich** ❸
das **Sweat**|**shirt**, die Sweat|shirts
der **Swim**|**ming**|**pool**,
    die Swim|ming|pools
das **Sym**|**bol**, die Sym|bo|le
die **Sym**|**met**|**rie**,
    die Sym|met|ri|en
    sym|**met**|**risch**
    sym|**pa**|**thisch**
die **Sy**|**na**|**go**|**ge**,
    die Sy|na|go|gen
das **Sys**|**tem**, die Sys|te|me ❽
    sys|**te**|**ma**|**tisch**
die **Sze**|**ne**, die Sze|nen

A
B
C
D
E
F
G
H
I
J
K
L
M
N
O
P
Q
R
S
T
U
V
W
X
Y
Z

t (Tonne)

der **Ta**|**bak** ❼

die **Ta**|**bel**|**le**, die Ta|bel|len

das **Tab**|**lett**, die Tab|letts

die **Tab**|**let**|**te**, die Tab|let|ten ❺

der **Ta**|**cho**, die Ta|chos

der **Ta**|**del**, die Ta|del ❷

   ta|**del**|**los**

die **Ta**|**fel**, die Ta|feln

der **Tag**, die Ta|ge

   ta|**ge**|**lang** ❷

   täg|**lich**

der **Takt**, die Tak|te

   takt|**los**

   takt|**voll**

das **Tal**, die Tä|ler

das **Ta**|**lent**, die Ta|len|te

   ta|**len**|**tiert**

die **Talk**|**show**, die Talk|shows

der **Tank**, die Tanks

   tan|**ken**, du tankst

die **Tan**|**ne**, die Tan|nen ❺

die **Tan**|**te**, die Tan|ten

der **Tanz**, die Tän|ze

   tan|**zen**, du tanzt

der **Tän**|**zer**, die Tän|zer

die **Tän**|**ze**|**rin**,

   die Tän|ze|rin|nen

das **Tape** – der Tape, die Tapes

die **Ta**|**pe**|**te**, die Ta|pe|ten ❶

   ta|**pe**|**zie**|**ren**, du tapezierst

   tap|**fer**

sich **tar**|**nen**, du tarnst dich

die **Tar**|**nung**, die Tar|nun|gen

die **Ta**|**sche**, die Ta|schen

die **Tas**|**se**, die Tas|sen

die **Tas**|**ta**|**tur**, die Tas|ta|tu|ren

die **Tas**|**te**, die Tas|ten

   tas|**ten**, du tastest

die **Tat**, die Ta|ten

  er **tat** ◁ tun

   tä|**tig** ❹

die **Tä**|**tig**|**keit**, die Tä|tig|kei|ten

die **Tat**|**sa**|**che**, die Tat|sa|chen

   tat|**säch**|**lich**

die **Tat**|**ze**, die Tat|zen

das **Tau** (Seil), die Taue

der **Tau** (Morgentau)

   taub

die **Tau**|**be**, die Tau|ben ❼

   tau|**chen**, du tauchst

   tau|**en**, es taut

die **Tau**|**fe**, die Tau|fen

tau|fen, du wirst getauft

tau|gen, es taugt

tau|meln, du taumelst

tau|schen, du tauschst

täu|schen, du täuschst

die Täu|schung,
   die Täu|schun|gen

tau|send ❻

das Ta|xi, die Ta|xis

das Team, die Teams

die Tech|nik, die Tech|ni|ken

tech|nisch

die Tech|no|lo|gie,
   die Tech|no|lo|gi|en

tech|no|lo|gisch

der Ted|dy, die Ted|dys

der Tee, die Tees

der Teen|ager, die Teen|ager

der Teer ❽

der Teich, die Tei|che

der Teig, die Tei|ge

der Teil – das Teil, die Tei|le

teil|bar

tei|len, du teilst

die Teil|nah|me,
   die Teil|nah|men

teil|neh|men, du nimmst teil,
   er nahm teil

teils

teil|wei|se

das Te|le|fon, die Te|le|fo|ne ❶

te|le|fo|nie|ren,
   du telefonierst

der Tel|ler, die Tel|ler ❷

der Tem|pel, die Tem|pel

das Tem|pe|ra|ment,
   die Tem|pe|ra|men|te

die Tem|pe|ra|tur,
   die Tem|pe|ra|tu|ren

das Tem|po,
   die Tem|pos – Tem|pi

die Ten|denz, die Ten|den|zen

das Ten|nis ❺

der Tep|pich, die Tep|pi|che

der Ter|min, die Ter|mi|ne

die Ter|ras|se, die Ter|ras|sen

der Ter|ro|ris|mus

der Ter|ro|rist, die Ter|ro|ris|ten

die Ter|ro|ris|tin,
   die Ter|ro|ris|tin|nen

der Test, die Tests – Tes|te

das Tes|ta|ment,
   die Tes|ta|men|te

tes|ten, du testest

teu|er

der Teu|fel, die Teu|fel

die Teu|fe|lin, die Teu|fe|lin|nen

der Text, die Tex|te

das **Thea|ter**, die Thea|ter ❼

die **The|ke**, die The|ken

das **The|ma**, die The|men

    theo|re|tisch

die **Theo|rie**, die Theo|ri|en

die **The|ra|pie**, die The|ra|pi|en

das **Ther|mo|me|ter**,

    die Ther|mo|me|ter

die **Ther|mos|fla|sche**,

    die Ther|mos|fla|schen

der **Thron**, die Thro|ne

    Thü|rin|gen

    ti|cken, es tickt

das **Ti|cket**, die Ti|ckets ❻

    tief

die **Tie|fe**, die Tie|fen

das **Tier**, die Tie|re

der **Ti|ger**, die Ti|ger ❽

die **Tin|te**, die Tin|ten

der **Tipp**, die Tipps

    tip|pen, du tippst

    tipp|topp

der **Tisch**, die Ti|sche ❶

die **Tisch|le|rei**,

    die Tisch|le|rei|en

der **Ti|tel**, die Ti|tel

der **Toast**, die Toasts – Toas|te

    to|ben, du tobst

die **Toch|ter**, die Töch|ter

der **Tod**, die To|de

    töd|lich

    tod|si|cher

der **To|fu**

das **To|hu|wa|bo|hu**,

    die To|hu|wa|bo|hus

die **Toi|let|te**, die Toi|let|ten

    to|le|rant

die **To|le|ranz**

    toll ❷

    tol|len, du tollst ❺

der **Toll|patsch**,

    die Toll|pat|sche

die **Toll|wut**

die **To|ma|te**, die To|ma|ten

die **Tom|bo|la**, die Tom|bo|las

der **Ton**, die Tö|ne

    tö|nen, es tönt

die **Ton|ne** (z.B. 12 t),

    die Ton|nen

das **Top**, die Tops

der **Topf**, die Töp|fe ❼

    top|fit

das **Tor**, die To|re

    tö|richt

    tor|keln, du torkelst

der **Tor|nis|ter**, die Tor|nis|ter

die **Tor|te**, die Tor|ten

die **Tor|tel|li|ni**

der **Tor**|**wart**, die Tor|war|te
die **Tor**|**war**|**tin**,
   die Tor|war|tin|nen
   tot ❻
   to|**tal**
der **To**|**te**, die To|ten
die **To**|**te**, die To|ten
   tö|**ten**, du tötest
sich **tot**|**la**|**chen**,
   du lachst dich tot
der **Touch**|**screen**,
   die Touch|screens
die **Tour**, die Tou|ren
der **Tou**|**rist**, die Tou|ris|ten
die **Tou**|**ris**|**tin**,
   die Tou|ris|tin|nen
   tra|**ben**, du trabst
die **Tracht**, die Trach|ten
 er **traf** ◁ treffen
die **Tra**|**di**|**ti**|**on**,
   die Tra|di|tio|nen
   tra|**di**|**tio**|**nell**
   trä|**ge** ❹
   tra|**gen**, du trägst, sie trug
 du **trägst** ◁ tragen
   trai|**nie**|**ren**, du trainierst
das **Trai**|**ning**, die Trai|nings
der **Trak**|**tor**, die Trak|to|ren
   tram|**peln**, du trampelst

das **Tram**|**po**|**lin**,
   die Tram|po|lins –
   Tram|po|li|ne
die **Trä**|**ne**, die Trä|nen
sie **trank** ◁ trinken
der **Trans**|**port**, die Trans|por|te
   trans|**por**|**tie**|**ren**,
   du transportierst
das **Tra**|**pez**, die Tra|pe|ze
 er **trat** ◁ treten ❻
die **Trau**|**be**, die Trau|ben
sich **trau**|**en**, du traust dich
die **Trau**|**er**
   trau|**ern**, du trauerst
der **Traum**, die Träu|me
   träu|**men**, du träumst
   trau|**rig**
die **Trau**|**ung**, die Trau|un|gen
der **Tre**|**cker**, die Tre|cker
   tref|**fen**, du triffst, er traf
   trei|**ben**, du treibst, sie trieb
der **Trend**, die Trends
   tren|**nen**, du trennst
die **Trep**|**pe**, die Trep|pen
der **Tre**|**sor**, die Tre|so|re
   tre|**ten**, du trittst, er trat
   treu ❷
die **Tri**|**an**|**gel**, die Tri|an|geln
die **Tri**|**bü**|**ne**, die Tri|bü|nen

der **Trich|ter**, die Trich|ter

der **Trick**, die Tricks

sie **trieb** ◁ treiben

du **triffst** ◁ treffen

das **Tri|kot**, die Tri|kots ❼

    trin|ken, du trinkst, sie trank

    trip|peln, du trippelst

der **Tritt**, die Trit|te ❺

du **trittst** ◁ treten

der **Tri|umph**, die Tri|um|phe

    tri|um|phie|ren,
    du triumphierst

    tro|cken

    trock|nen, es trocknet

    trö|deln, du trödelst

die **Trom|mel**, die Trom|meln ❺

die **Trom|pe|te**,
    die Trom|pe|ten ❶

die **Tro|pen**

    tröp|feln, es tröpfelt

der **Trop|fen**, die Trop|fen

    trop|fen, es tropft

der **Trost**

    trös|ten, du tröstest

der **Trotz** ❼

    trotz|dem

    trot|zig

    trüb ❻

der **Tru|bel**

sie **trug** ◁ tragen

die **Tru|he**, die Tru|hen

die **Trüm|mer**

die **Trup|pe**, die Trup|pen

der **Trut|hahn**, die Trut|häh|ne

    Tsche|chi|en

    tschüs – tschüss

das **T-Shirt**, die T-Shirts

der **Tsu|na|mi**, die Tsu|na|mis

die **Tu|be**, die Tu|ben

das **Tuch**, die Tü|cher

    tüch|tig

    tü|ckisch

    tüf|teln, du tüftelst

die **Tul|pe**, die Tul|pen

sich **tum|meln**, du tummelst dich

der **Tu|mor**, die Tu|mo|re

der **Tüm|pel**, die Tüm|pel

der **Tu|mult**, die Tu|mul|te

    tun, du tust, er tat

der **Tun|nel**,
    die Tun|nel – Tun|nels ❷

    tup|fen, du tupfst

die **Tür**, die Tü|ren

die **Tur|bi|ne**, die Tur|bi|nen

die **Tür|kei**

    tür|kis

der **Turm**, die Tür|me

    tur|nen, du turnst

das **Tur|nier**, die Tur|nie|re
die **Tu|sche**, die Tu|schen
   tu|scheln,
      du tuschelst
die **Tü|te**, die Tü|ten

die **U-Bahn**, die U-Bah|nen
   übel
die **Übel|keit**
   üben, du übst
   über
   über|all
   über|flüs|sig
   über|haupt
   über|le|gen, du überlegst
   über|mor|gen
der **Über|mut**
   über|mü|tig
   über|que|ren, du überquerst
die **Über|ra|schung**,
      die Über|ra|schun|gen
die **Über|schwem|mung**,
      die Über|schwem|mun|gen

   tu|ten, es tutet
der **TÜV**
das **TV**
der **Typ**, die Ty|pen ❽
   ty|pisch

   über|set|zen,
      du übersetzt ❸
   über|sicht|lich
   üb|lich
das **U-Boot**, die U-Boo|te
   üb|rig
   üb|ri|gens
die **Übung**, die Übun|gen
das **Ufer**, die Ufer
das **Ufo**, die Ufos
die **Uhr**, die Uh|ren
der **Uhu**, die Uhus
   ul|kig
die **Ul|me**, die Ul|men
der **Ult|ra|schall**
   um
   um|ge|kehrt

183

um|her
um|keh|ren, du kehrst um
der **Um|laut**, die Um|lau|te
der **Um|riss**, die Um|ris|se
der **Um|schlag**,
   die Um|schlä|ge
um|sonst ❸
um|ständ|lich
der **Um|weg**, die Um|we|ge
der **Um|welt|schutz**
die **Um|welt|ver|schmut|zung**
um|zie|hen, du ziehst um,
   sie zog um
der **Um|zug**, die Um|zü|ge
un|be|dingt
un|be|quem
und
un|end|lich
un|ent|schie|den
un|fair
der **Un|fall**, die Un|fäl|le
Un|garn
un|ge|fähr
das **Un|ge|heu|er**,
   die Un|ge|heu|er
un|ge|nü|gend
das **Un|ge|zie|fer**
un|glaub|lich
das **Un|glück**, die Un|glü|cke

un|heim|lich
die **Uni|form**, die Uni|for|men
un|in|te|res|sant
die **Uni|ver|si|tät**,
   die Uni|ver|si|tä|ten
das **Un|recht**
un|re|gel|mä|ßig
die **Un|ru|he**, die Un|ru|hen
un|ru|hig ❻
uns
un|ser
un|se|re
un|se|res
die **Un|schuld**
un|schul|dig
un|si|cher
un|sicht|bar
der **Un|sinn**
un|sin|nig
un|ten
un|ter
die **Un|ter|bre|chung**,
   die Un|ter|bre|chun|gen ❸
un|ter|ei|nan|der
die **Un|ter|füh|rung**,
   die Un|ter|füh|run|gen
sich **un|ter|hal|ten**,
   du unterhältst dich,
   sie unterhielt sich

du **un|ter|hältst** dich ◁ sich
    unterhalten
sie **un|ter|hielt** sich ◁ sich
    unterhalten
der **Un|ter|richt**
    un|ter|rich|ten,
    sie unterrichtet
    un|ter|schei|den,
    du unterscheidest,
    er unterschied
  er **un|ter|schied**
    ◁ unterscheiden
der **Un|ter|schied**,
    die Un|ter|schie|de
    un|ter|schrei|ben,
    du unterschreibst,
    er unterschrieb
  er **un|ter|schrieb**
    ◁ unterschreiben
die **Un|ter|schrift**,
    die Un|ter|schrif|ten
    un|ter|strei|chen,
    du unterstreichst,
    sie unterstrich
sie **un|ter|strich**
    ◁ unterstreichen
    un|ter|stüt|zen,
    du unterstützt

die **Un|ter|stüt|zung**,
    die Un|ter|stüt|zun|gen
die **Un|ter|su|chung**,
    die Un|ter|su|chun|gen
    un|ter|su|chen,
    du untersuchst ❷
    un|ter|wegs
    un|ver|schämt
das **Un|wet|ter**, die Un|wet|ter
    un|zäh|lig
    ur|alt
der **Ura|nus**
die **Ur|groß|el|tern** ❸
die **Ur|groß|mut|ter**,
    die Ur|groß|müt|ter
der **Ur|groß|va|ter**,
    die Ur|groß|vä|ter
der **Urin**
die **Ur|kun|de**, die Ur|kun|den
der **Ur|laub**, die Ur|lau|be
die **Ur|sa|che**, die Ur|sa|chen
    ur|sprüng|lich
    ur|tei|len, du urteilst
der **Ur|wald**, die Ur|wäl|der
die **USA**
der **USB-Stick**, die USB-Sticks
    usw. (und so weiter)
die **UV-Strah|len**

V (Volt)

va|ge

die **Va|gi|na**, die Va|gi|nen

der **Vam|pir**, die Vam|pi|re

die **Va|nil|le** ❼

die **Va|ri|an|te**, die Va|ri|an|ten

die **Va|se**, die Va|sen ❽

der **Va|ter**, die Vä|ter ❷

ve|ge|ta|risch

das **Veil|chen**, die Veil|chen ❼

das **Ven|til**, die Ven|ti|le

der **Ven|ti|la|tor**,
die Ven|ti|la|to|ren

die **Ve|nus**

sich **ver|ab|re|den**,
du verabredest dich

sich **ver|ab|schie|den**,
du verabschiedest dich

ver|ach|ten, du verachtest

ver|än|dern, du veränderst

die **Ve|ran|da**, die Ve|ran|den

ver|an|stal|ten,
du veranstaltest

ver|ant|wort|lich

die **Ver|ant|wor|tung**

das **Verb**, die Ver|ben ❽

der **Ver|band**, die Ver|bän|de

er **ver|band** ◁ verbinden

er **ver|barg** ◁ verbergen

ver|ber|gen, du verbirgst,
er verbarg

ver|bes|sern, du verbesserst

die **Ver|bes|se|rung**,
die Ver|bes|se|run|gen

ver|bie|ten, du verbietest,
sie verbot

ver|bin|den, du verbindest,
er verband ❸

du **ver|birgst** ◁ verbergen

das **Ver|bot**, die Ver|bo|te ❻

sie **ver|bot** ◁ verbieten

er **ver|brann|te** ◁ verbrennen

das **Ver|bre|chen**,
die Ver|bre|chen

ver|bren|nen, du verbrennst,
er verbrannte

die **Ver|bren|nung**,
die Ver|bren|nun|gen

der **Ver|dacht**, die Ver|dach|te –
Ver|däch|te

ver|däch|ti|gen,
du verdächtigst

ver|dammt
ver|dan|ken,
du verdankst ❷
es ver|darb ◁ verderben
ver|dau|en, du verdaust
die Ver|dau|ung
ver|der|ben, es verdirbt,
es verdarb
ver|die|nen, du verdienst
der Ver|dienst, die Ver|diens|te
es ver|dirbt ◁ verderben
ver|duns|ten, es verdunstet
ver|dutzt
ver|eh|ren, du verehrst
der Ver|ein, die Ver|ei|ne
ver|ein|ba|ren,
du vereinbarst
ver|fas|sen, du verfasst
die Ver|fas|sung,
die Ver|fas|sun|gen ❼
ver|fau|len, es verfault
ver|flixt ❻
ver|fol|gen, du verfolgst
er ver|gab ◁ vergeben
die Ver|gan|gen|heit ❼
sie ver|gaß ◁ vergessen
ver|ge|ben, du vergibst,
er vergab ❷
ver|geb|lich

ver|ges|sen, du vergisst,
sie vergaß
ver|gess|lich
du ver|gibst ◁ vergeben
du ver|gisst ◁ vergessen
ver|glei|chen,
du vergleichst, sie verglich
sie ver|glich ◁ vergleichen
das Ver|gnü|gen,
die Ver|gnü|gen
sich ver|gnü|gen,
du vergnügst dich
ver|haf|ten, er verhaftet
sich ver|hal|ten, du verhältst
dich, er verhielt sich
du ver|hältst dich ◁ sich
verhalten
ver|heim|li|chen,
du verheimlichst
ver|hei|ra|tet
ver|hext
er ver|hielt sich ◁ sich
verhalten
ver|hin|dern, du verhinderst
sich ver|ir|ren, du verirrst dich
ver|kau|fen, du verkaufst ❹
der Ver|käu|fer, die Ver|käu|fer
die Ver|käu|fe|rin,
die Ver|käu|fe|rin|nen

187

der **Ver**|**kehr**

    ver|**kehrt**

sich **ver**|**klei**|**den**,

    du verkleidest dich ❸

    ver|**lan**|**gen**, du verlangst

    ver|**län**|**gern**, du verlängerst

    ver|**las**|**sen**, du verlässt,

    er verließ ❽

du **ver**|**lässt** ◁ verlassen

sich **ver**|**lau**|**fen**, du verläufst

    dich, er verlief sich

du **ver**|**läufst** dich ◁ sich

    verlaufen

    ver|**lei**|**hen**, du verleihst,

    sie verlieh

    ver|**let**|**zen**, du verletzt

die **Ver**|**let**|**zung**,

    die Ver|let|zun|gen

sich **ver**|**lie**|**ben**,

    du verliebst dich ❸

    ver|**liebt**

er **ver**|**lief** sich ◁ sich verlaufen

sie **ver**|**lieh** ◁ verleihen

    ver|**lie**|**ren**, du verlierst,

    sie verlor

er **ver**|**ließ** ◁ verlassen

sich **ver**|**lo**|**ben**,

    du verlobst dich

sie **ver**|**lor** ◁ verlieren

die **Ver**|**lo**|**sung**,

    die Ver|lo|sun|gen

der **Ver**|**lust**, die Ver|lus|te

sich **ver**|**meh**|**ren**,

    sie vermehren sich

    ver|**mei**|**den**, du vermeidest,

    sie vermied

sie **ver**|**mied** ◁ vermeiden

    ver|**mie**|**ten**, du vermietest

    ver|**mis**|**sen**, du vermisst

das **Ver**|**mö**|**gen**, die Ver|mö|gen

    ver|**mu**|**ten**, du vermutest

    ver|**mut**|**lich**

    ver|**nich**|**ten**, du vernichtest

die **Ver**|**nunft**

    ver|**nünf**|**tig**

    ver|**pa**|**cken**, du verpackst

    ver|**pas**|**sen**, du verpasst

die **Ver**|**pfle**|**gung** ❼

    ver|**plem**|**pern**,

    du verplemperst

der **Ver**|**rat** ❻

    ver|**ra**|**ten**, du verrätst,

    er verriet

du **ver**|**rätst** ◁ verraten

    ver|**rei**|**sen**, du verreist

er **ver**|**riet** ◁ verraten

    ver|**rückt**

der **Vers**, die Ver|se ❷

der **Ver|sand**

  er **ver|sank** ◁ versinken

    ver|säu|men, du versäumst

    ver|scheu|chen,

    du verscheuchst

    ver|schie|den

    ver|schla|fen,

    du verschläfst,

    er verschlief ❹

  du **ver|schläfst** ◁ verschlafen

sich **ver|schlech|tern**,

    du verschlechterst dich

  er **ver|schlief** ◁ verschlafen

    ver|schlie|ßen,

    du verschließt, er verschloss

  er **ver|schloss** ◁ verschließen

der **Ver|schluss**,

    die Ver|schlüs|se

    ver|schmitzt

die **Ver|schmut|zung** ❼

    ver|schmut|zen,

    du verschmutzt

sie **ver|schwand**

    ◁ verschwinden

    ver|schwen|den,

    du verschwendest

    ver|schwin|den,

    du verschwindest,

    sie verschwand

    ver|schwom|men

sich **ver|schwö|ren**,

    ihr verschwört euch

das **Ver|se|hen**,

    die Ver|se|hen ❽

    ver|se|hent|lich

    ver|sen|gen, du versengst

    ver|sen|ken, du versenkst

    ver|set|zen, du versetzt

die **Ver|si|che|rung**,

    die Ver|si|che|run|gen

    ver|sin|ken, du versinkst,

    er versank

sich **ver|söh|nen**,

    du versöhnst dich

die **Ver|spä|tung**,

    die Ver|spä|tun|gen

das **Ver|spre|chen**,

    die Ver|spre|chen

der **Ver|stand** ❻

  sie **ver|stand** ◁ verstehen

    ver|ständ|lich

    ver|stau|chen,

    du verstauchst

das **Ver|steck**, die Ver|ste|cke

    ver|ste|hen, du verstehst,

    sie verstand

der **Ver|such**, die Ver|su|che

    ver|su|chen, du versuchst

ver|tei|di|gen, du verteidigst
ver|tei|len, du verteilst
der **Ver**|**trag**, die Ver|trä|ge
sich **ver**|**tra**|**gen**, du verträgst
dich, er vertrug sich
du **ver**|**trägst** dich ◁ sich
vertragen
das **Ver**|**trau**|**en**
ver|trau|en, du vertraust
ver|trau|lich
der **Ver**|**tre**|**ter**, die Ver|tre|ter
die **Ver**|**tre**|**te**|**rin**,
die Ver|tre|te|rin|nen
er **ver**|**trug** sich ◁ vertragen
ver|un|glü|cken,
du verunglückst ❸
ver|ur|tei|len, du verurteilst
sich **ver**|**wan**|**deln**,
du verwandelst dich
ver|**wandt**
er **ver**|**wand**|**te** ◁ verwenden
der **Ver**|**wand**|**te**,
die Ver|wand|ten
die **Ver**|**wand**|**te**,
die Ver|wand|ten
ver|wech|seln,
du verwechselst
der **Ver**|**weis**, die Ver|wei|se
ver|wel|ken, es verwelkt

ver|wen|den, du verwendest,
er verwandte – verwendete
ver|**wirrt**
ver|wit|tern, es verwittert
ver|wöh|nen, du verwöhnst
ver|**wun**|**dert**
ver|**wun**|**det**
die **Ver**|**wun**|**dung**,
die Ver|wun|dun|gen
ver|zeh|ren, du verzehrst
das **Ver**|**zeich**|**nis**,
die Ver|zeich|nis|se
ver|zei|hen, du verzeihst,
er verzieh
ver|zich|ten, du verzichtest
er **ver**|**zieh** ◁ verzeihen
ver|zie|ren, du verzierst
ver|zwei|feln,
du verzweifelst
der **Vet**|**ter**, die Vet|tern
das **Vi**|**deo**, die Vi|de|os
die **Vi**|**deo**|**thek**,
die Vi|deo|the|ken ❽
das **Vieh** ❼
viel, mehr, am meisten
die **Viel**|**falt**
viel|fäl|tig
viel|leicht
viel|mehr

vier ❷
vier|mal
das **Vier|eck**, die Vier|ecke
das **Vier|tel**, die Vier|tel
vier|zig
die **Vil|la**, die Vil|len ❺
vio|lett
die **Vio|li|ne**, die Vio|li|nen
das **Vi|rus** – der Vi|rus,
die Vi|ren
das **Vi|sum**, die Vi|sa – Vi|sen
das **Vi|ta|min**, die Vi|ta|mi|ne
der **Vi|ze|meis|ter**,
die Vi|ze|meis|ter
die **Vi|ze|meis|te|rin**,
die Vi|ze|meis|te|rin|nen
der **Vo|gel**, die Vö|gel
die **Vo|ka|bel**, die Vo|ka|beln
der **Vo|kal**, die Vo|ka|le
das **Volk**, die Völ|ker
Völ|ker|ball
voll ❺
Vol|ley|ball ❽
völ|lig
voll|kom|men
voll|stän|dig
voll|zäh|lig
Volt (z.B. 5 V)
vom

von
von|ei|nan|der ❷
vor
vo|ran
vo|raus
vo|raus|sicht|lich
vor|bei
vor|be|rei|ten,
du bereitest vor
das **Vor|bild**, die Vor|bil|der
vor|bild|lich
der **Vor|der|grund**
vor|ei|lig
vor|erst
die **Vor|fahrt** ❻
vor|han|den
der **Vor|hang**, die Vor|hän|ge
vor|her
vor|hin
vo|rig
vor|läu|fig
die **Vor|lie|be**, die Vor|lie|ben
der **Vor|mit|tag**,
die Vor|mit|ta|ge
vor|mit|tags
der **Vor|mund**, die Vor|mun|de –
Vor|mün|der
vorn – vor|ne
der **Vor|na|me**, die Vor|na|men

vor|nehm

der **Vor**|**ort**, die Vor|or|te

der **Vor**|**rat**, die Vor|rä|te

der **Vor**|**satz**, die Vor|sät|ze

der **Vor**|**schlag**,die Vor|schlä|ge

die **Vor**|**schrift**,
  die Vor|schrif|ten

die **Vor**|**sicht**
  vor|**sich**|**tig**

die **Vor**|**sil**|**be**, die Vor|sil|ben

der **Vor**|**stand**, die Vor|stän|de

sich **vor**|**stel**|**len**,
  du stellst dich vor ❸

die **Vor**|**stel**|**lung**,
  die Vor|stel|lun|gen ❼

der **Vor**|**teil**, die Vor|tei|le

vor|**tra**|**gen**, du trägst vor,
  er trug vor ❹

vo|**rü**|**ber**

das **Vor**|**ur**|**teil**,
  die Vor|ur|tei|le

die **Vor**|**wahl**, die Vor|wah|len

vor|**wärts**

der **Vor**|**wurf**, die Vor|wür|fe

vor|**zei**|**tig**

der **Vul**|**kan**, die Vul|ka|ne ❽

W (Watt)

die **Waa**|**ge**, die Waa|gen

waa|**ge**|**recht** – waag|recht

wach ❷

wa|**chen**, du wachst

das **Wachs**, die Wach|se

wach|**sam**

wach|**sen**, du wächst,
  sie wuchs

du **wäschst** ◁ waschen

das **Wachs**|**tum** ❼

wa|**cke**|**lig** – wack|lig ❻

wa|**ckeln**, du wackelst

die **Wa**|**de**, die Wa|den

die **Waf**|**fe**, die Waf|fen ❺

die **Waf**|**fel**, die Waf|feln

wa|**ge**|**mu**|**tig**

der **Wa**|**gen**, die Wa|gen

wa|**gen**, du wagst

der **Wag**|**gon** – Wa|gon,
die Wag|gons – Wa|gons

wag|**hal**|**sig**

der **Wa**|**gon** – Wag|gon,
die Wa|gons – Wag|gons

die **Wahl**, die Wah|len

wäh|**len**, du wählst ❹

wahn|**sin**|**nig**

wahr

wäh|**rend**

wahr|**haf**|**tig**

die **Wahr**|**heit**, die Wahr|hei|ten

wahr|**neh**|**men**, du nimmst
wahr, er nahm wahr ❽

wahr|**schein**|**lich**

die **Wäh**|**rung**, die Wäh|run|gen

die **Wai**|**se**, die Wai|sen

der **Wal**, die Wa|le ❶

der **Wald**, die Wäl|der

Wal|**king**

der **Wall**, die Wäl|le

die **Wal**|**nuss**, die Wal|nüs|se

sich **wäl**|**zen**, du wälzt dich

die **Wand**, die Wän|de

der **Wan**|**del**

wan|**dern**, du wanderst ❷

er **wand**|**te** sich ◁ sich wenden

die **Wan**|**ge**, die Wan|gen

wan|**ken**, du wankst

wann

die **Wan**|**ne**, die Wan|nen ❺

das **Wap**|**pen**, die Wap|pen

sie **war** ◁ sein

er **warb** ◁ werben

die **Wa**|**re**, die Wa|ren

sie **warf** ◁ werfen

warm, wärmer,
am wärmsten ❹

die **Wär**|**me**

wär|**men**, du wärmst

wär|**mer**,
am wärmsten ◁ warm

war|**nen**, du warnst

du **warst** ◁ sein

war|**ten**, du wartest

der **Wär**|**ter**, die Wär|ter

die **Wär**|**te**|**rin**,
die Wär|te|rin|nen

wa|**rum**

die **War**|**ze**, die War|zen

was

die **Wä**|**sche**, die Wä|schen

wa|**schen**, du wäschst,
er wusch

du **wäschst** ◁ waschen

das **Was**|**ser**,
die Was|ser – Wäs|ser

193

wa|ten, du watest

wat|scheln, du watschelst

Watt (z.B. 30 W)

das **Watt** (Wattenmeer)

die **Wat**|te

das **Wave**|**board**,

die Wave|boards

das **Web**

die **Web**|cam, die Web|cams

we|ben, du webst

die **Web**|site, die Web|sites

der **Wech**|sel, die Wech|sel

das **Wech**|sel|geld

wech|seln, du wechselst

we|cken, du weckst

der **We**|cker, die We|cker ❼

we|der

der **Weg**, die We|ge

weg

we|gen

we|hen, es weht

sich **weh**|ren, du wehrst dich

weh|tun – weh tun, es tut

weh, es tat weh

weib|lich

weich ❷

die **Wei**|che, die Wei|chen

die **Wei**|de, die Wei|den

sich **wei**|gern, du weigerst dich

der **Wei**|her, die Wei|her

Weih|nach|ten

weih|nacht|lich

weil

die **Wei**|le

der **Wein**, die Wei|ne ❶

wei|nen, du weinst

wei|se

weis|ma|chen,

du machst weis

weiß

du **weißt** ◁ wissen

weit

weit|aus

wei|ter

wei|ter|hin

weit|ge|hend

weit|sich|tig

der **Weit**|sprung ❸

der **Wei**|zen

wel|che

wel|cher

wel|ches

welk

wel|ken, sie welkt

die **Wel**|le, die Wel|len ❺

der **Wel**|pe, die Wel|pen

die **Welt**, die Wel|ten ❻

das **Welt**|all

der **Welt**|**krieg**, die Welt|krie|ge

der **Welt**|**meis**|**ter**,
 die Welt|meis|ter ❸

die **Welt**|**meis**|**te**|**rin**,
 die Welt|meis|te|rin|nen

die **Welt**|**meis**|**ter**|**schaft**,
 die Welt|meis|ter|schaf|ten

 welt|**weit**

 wem

 wen

die **Wen**|**de**, die Wen|den

 wen|**den**, du wendest

sich **wen**|**den**, du wendest dich,
 er wandte sich

 wen|**dig**

 we|**nig**

 we|**nigs**|**tens**

 wenn

 wer

die **Wer**|**bung**, die Wer|bun|gen

 wer|**ben**, du wirbst, er warb

 wer|**den**, es wird, sie wurde

 wer|**fen**, du wirfst, sie warf

die **Werft**, die Werf|ten

das **Werk**, die Wer|ke ❻

die **Werk**|**statt**, die Werk|stät|ten

das **Werk**|**zeug**, die Werk|zeu|ge

 wert

der **Wert**, die Wer|te

 wert|**voll**

das **We**|**sen**, die We|sen

 we|**sent**|**lich**

die **We**|**ser**

 wes|**halb**

die **Wes**|**pe**, die Wes|pen

 wes|**sen**

die **Wes**|**te**, die Wes|ten

der **Wes**|**ten**

der **Wes**|**tern**, die Wes|tern

 west|**lich**

 wes|**we**|**gen**

der **Wett**|**be**|**werb**,
 die Wett|be|wer|be

die **Wet**|**te**, die Wet|ten

 wet|**ten**, du wettest ❺

das **Wet**|**ter**

der **Wett**|**kampf**,
 die Wett|kämp|fe

 wich|**tig**

 wi|**ckeln**, du wickelst

 wi|**der** (gegen)

 wi|**der**|**le**|**gen**, du widerlegst

 wi|**der**|**lich**

sie **wi**|**der**|**rief** ◁ widerrufen

 wi|**der**|**ru**|**fen**, du widerrufst,
 sie widerrief

er **wi**|**der**|**sprach**
 ◁ widersprechen

wi|der|spre|chen,
du widersprichst,
er widersprach ❸

der **Wi|der|spruch**,
die Wi|der|sprü|che

der **Wi|der|stand**,
die Wi|der|stän|de

der **Wi|der|wil|le** ❼

wid|men, du widmest

wie

wie|der (nochmals)

wie|der|ho|len,
du wiederholst

das **Wie|der|se|hen**,
die Wie|der|se|hen

wie|de|rum

die **Wie|ge**, die Wie|gen ❷

wie|gen, du wiegst, sie wog

wie|hern, es wiehert

die **Wie|se**, die Wie|sen ❷

das **Wie|sel**, die Wie|sel

wie|so

das **Wild**

wild

die **Wild|nis**, die Wild|nis|se

der **Wil|le** ❺

wil|lig

will|kom|men

will|kür|lich

du **willst** ◁ wollen

wim|meln, es wimmelt

wim|mern, du wimmerst

die **Wim|per**, die Wim|pern

der **Wind**, die Win|de

die **Win|del**, die Win|deln

win|dig

die **Wind|po|cken**

der **Win|kel**, die Win|kel

win|ke|lig – wink|lig

win|ken, du winkst

win|seln, du winselst

der **Win|ter**, die Win|ter

der **Win|zer**, die Win|zer

die **Win|ze|rin**,
die Win|ze|rin|nen

win|zig

der **Wip|fel**, die Wip|fel

die **Wip|pe**, die Wip|pen

wip|pen, du wippst

wir

der **Wir|bel**, die Wir|bel

wir|beln, du wirbelst

die **Wir|bel|säu|le**,
die Wir|bel|säu|len

du **wirbst** ◁ werben

es **wird** ◁ werden ❻

du **wirfst** ◁ werfen

wir|ken, du wirkst

wirk|lich
die Wirk|lich|keit
wirk|sam
die Wir|kung, die Wir|kun|gen
wirr
der Wirr|warr
der Wirt, die Wir|te
die Wir|tin, die Wir|tin|nen
die Wirt|schaft,
   die Wirt|schaf|ten ❼
   wirt|schaf|ten,
   du wirtschaftest
   wirt|schaft|lich
   wi|schen, du wischst
   wis|pern, du wisperst
   wis|sen, du weißt,
   sie wusste
die Wis|sen|schaft,
   die Wis|sen|schaf|ten
   wis|sen|schaft|lich
die Wit|te|rung,
   die Wit|te|run|gen
die Wit|we, die Wit|wen
der Wit|wer, die Wit|wer
der Witz, die Wit|ze
   wit|zig
das WLAN, die WLANs
   wo
   wo|an|ders

wo|bei
die Wo|che, die Wo|chen
das Wo|chen|en|de,
   die Wo|chen|en|den
   wo|chen|lang
   wö|chent|lich
   wo|durch
   wo|für
sie wog ◁ wiegen
die Wo|ge, die Wo|gen
   wo|her
   wo|hin
   wohl
   wohl|ha|bend
   woh|nen, du wohnst
   wohn|lich ❸
die Woh|nung,
   die Woh|nun|gen ❼
   woh|nungs|los
der Wolf, die Wöl|fe
die Wol|ke, die Wol|ken
   wol|kig ❷
die Wol|le ❺
   wol|len, du willst
   wo|mit
   wo|mög|lich
   wo|nach
die Won|ne, die Won|nen
   wo|ran

197

wo|rauf

das **World Wide Web** (WWW)

das **Wort**, die Wör|ter – Wor|te

wört|lich

wo|rü|ber

wo|von

wo|zu

das **Wrack**, die Wracks

der **Wrap**, die Wraps

sie **wuchs** ◁ wachsen

die **Wucht** ❻

wuch|tig

wüh|len, du wühlst

wund

die **Wun|de**, die Wun|den

das **Wun|der**, die Wun|der

wun|der|bar

sich **wun|dern**, du wunderst dich

wun|der|schön

der **Wunsch**, die Wün|sche

wün|schen, du wünschst

sie **wur|de** ◁ werden

der **Wurf**, die Wür|fe ❷

der **Wür|fel**, die Wür|fel

wür|feln, du würfelst

wür|gen, du würgst

der **Wurm**, die Wür|mer ❼

die **Wurst**, die Würs|te

die **Wur|zel**, die Wur|zeln

wür|zen, du würzt

wür|zig ❻

er **wusch** ◁ waschen

sie **wuss|te** ◁ wissen

wüst

die **Wüs|te**, die Wüs|ten

die **Wut**

wü|tend

WWW (World Wide Web)

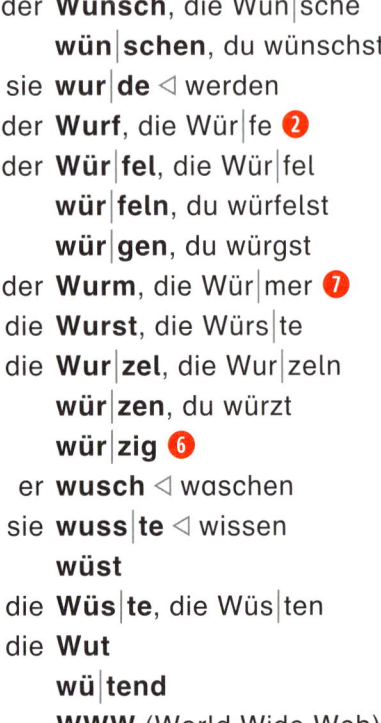

die **X-Bei|ne**

x-mal

das **Xy|lo|fon** – Xy|lo|phon,
die Xy|lo|fo|ne –
Xy|lo|pho|ne ❽

Y

die **Yacht** – Jacht,
   die Yach|ten – Jach|ten
das **Yak**, die Yaks

das **Yo|ga** – Jo|ga – der Yo|ga –
   Jo|ga
das **Yp|si|lon**, die Yp|si|lons

Z

die **Za|cke** – der Za|cken,
   die Za|cken
   zag|haft
   zäh ❷
die **Zahl**, die Zah|len
   zah|len, du zahlst
   zäh|len, du zählst ❹
der **Zäh|ler**, die Zäh|ler
   zahl|reich
das **Zahl|wort**, die Zahl|wör|ter
   zahm
   zäh|men, du zähmst
der **Zahn**, die Zäh|ne
die **Zahn|pas|ta**

die **Zan|ge**, die Zan|gen
sich **zan|ken**, du zankst dich
das **Zäpf|chen**, die Zäpf|chen
der **Zap|fen**, die Zap|fen
   zap|pe|lig – zapp|lig
   zap|peln, du zappelst ❺
   zap|pen, du zappst
   zart
   zärt|lich ❸
die **Zärt|lich|keit**,
   die Zärt|lich|kei|ten
   zau|bern, du zauberst
der **Zaun**, die Zäu|ne ❶
   z.B. (zum Beispiel)

das **Zeb|ra**, die Zeb|ras ❼
der **Zeb|ra|strei|fen**,
   die Zeb|ra|strei|fen
die **Ze|cke**, die Ze|cken
die **Ze|he** – der Zeh, die Ze|hen
   zehn
   zehn|mal
das **Zei|chen**, die Zei|chen
   zeich|nen, du zeichnest
die **Zeich|nung**,
   die Zeich|nun|gen
   zei|gen, du zeigst
der **Zei|ger**, die Zei|ger
die **Zei|le**, die Zei|len
die **Zeit**, die Zei|ten
   zei|tig
   zeit|lich ❸
die **Zeit|schrift**,
   die Zeit|schrif|ten
die **Zei|tung**, die Zei|tun|gen
   zeit|wei|se
die **Zel|le**, die Zel|len
das **Zelt**, die Zel|te
   zel|ten, du zeltest
der **Ze|ment**
   zen|sie|ren, er zensiert
die **Zen|sur**, die Zen|su|ren
der **Zen|ti|me|ter** (z.B. 30 cm),
   die Zen|ti|me|ter

der **Zent|ner**, die Zent|ner
   zent|ral
die **Zent|ra|le**, die Zent|ra|len
das **Zent|rum**, die Zent|ren
der **Zep|pe|lin**, die Zep|pe|li|ne
er **zer|brach** ◁ zerbrechen
   zer|bre|chen, du zerbrichst,
   er zerbrach
du **zer|brichst** ◁ zerbrechen
   zer|drü|cken, du zerdrückst
   zer|klei|nern, du zerkleinerst
   zer|knirscht
   zer|knül|len, du zerknüllst
   zer|rei|ßen, du zerreißt,
   sie zerriss
   zer|ren, du zerrst
sie **zer|riss** ◁ zerreißen ❺
die **Zer|rung**, die Zer|run|gen
   zer|stö|ren, du zerstörst
   zer|streut
der **Zet|tel**, die Zet|tel
das **Zeug** ❻
der **Zeu|ge**, die Zeu|gen
die **Zeu|gin**, die Zeu|gin|nen
das **Zeug|nis**, die Zeug|nis|se
   zick|zack
die **Zie|ge**, die Zie|gen ❼
der **Zie|gel**, die Zie|gel
   zie|hen, du ziehst, er zog

das **Ziel**, die Zie|le ❷

   zie|len, du zielst

   ziem|lich

sich **zie|ren**, du zierst dich

   zier|lich

die **Zif|fer**, die Ziffern

die **Zi|ga|ret|te**, die Zi|ga|ret|ten

die **Zi|gar|re**, die Zi|gar|ren

das **Zim|mer**, die Zim|mer

   zim|per|lich

der **Zimt**

das **Zinn**

der **Zins**, die Zin|sen

der **Zip|fel**, die Zip|fel

   zir|ka – circa (ca.)

der **Zir|kel**, die Zir|kel

der **Zir|kus** – Cir|cus,

   die Zir|kus|se – Cir|cus|se

   zir|pen, es zirpt

   zi|schen, du zischst

das **Zi|tat**, die Zi|ta|te

die **Zi|ther**, die Zi|thern

   zi|tie|ren, du zitierst

die **Zit|ro|ne**, die Zit|ro|nen ❷

   zit|te|rig – zitt|rig

   zit|tern, du zitterst

die **Zit|ze**, die Zit|zen

der **Zoff** ❺

sich **zof|fen**, du zoffst dich

er **zog** ◁ ziehen

   zö|gern, du zögerst

der **Zoll**, die Zöl|le

die **Zo|ne**, die Zo|nen

der **Zoo**, die Zoos ❽

der **Zopf**, die Zöp|fe

der **Zorn**

   zor|nig

   zu

   zu|al|ler|erst

   zu|al|ler|letzt

das **Zu|be|hör**, die Zu|be|hö|re

   zu|be|rei|ten,

   du bereitest zu

die **Zucht**, die Zuch|ten

   züch|ten, du züchtest

   zu|cken, du zuckst

der **Zu|cker** ❼

das **Zu|cker|fest**

   zu|dem

   zu|ei|nan|der

   zu|erst

der **Zu|fall**, die Zu|fäl|le

   zu|fäl|lig

   zu|frie|den

die **Zu|frie|den|heit** ❸

der **Zug**, die Zü|ge ❻

der **Zu|gang**, die Zu|gän|ge

   zu|gäng|lich

A B C D E F G H I J K L M N O P Q R S T U V W X Y Z

zu|ge|ben, du gibst zu,
er gab zu
der **Zü|gel**, die Zü|gel
zü|gig
zu|gleich
der **Zu|griff**, die Zu|grif|fe
zu|grun|de – zu Grun|de
zu|guns|ten – zu Guns|ten
zu|hau|se – zu Hau|se
das **Zu|hau|se**
zu|hö|ren, du hörst zu
die **Zu|kunft**
zu|künf|tig ❷
zu|las|sen, du lässt zu,
sie ließ zu
zu|läs|sig
zu|letzt
zu|lie|be
zum
zu|mal
zu|meist
zu|min|dest
zu|mu|ten, du mutest zu
zu|nächst
zün|deln, du zündelst
zün|den, du zündest
zün|dend ❻
zünf|tig
die **Zun|ge**, die Zun|gen ❼

zup|fen, du zupfst
zur
sich **zu|recht|fin|den**,
du findest dich zurecht,
er fand sich zurecht
zu|rück
zu|rück|ge|ben,
du gibst zurück,
sie gab zurück
zu|rück|hal|tend
zu|rück|kom|men,
du kommst zurück,
er kam zurück
zu|rück|zah|len,
du zahlst zurück
zur|zeit
zu|sam|men
zu|sam|men|ar|bei|ten,
ihr arbeitet zusammen
zu|sam|men|fas|sen,
du fasst zusammen
zu|sam|men|ge|setzt
der **Zu|sam|men|hang**,
die Zu|sam|men|hän|ge
zu|sätz|lich
der **Zu|schau|er**,
die Zu|schau|er
die **Zu|schaue|rin**,
die Zu|schaue|rin|nen

zu|se|hen, du siehst zu,
sie sah zu
der Zu|stand, die Zu|stän|de
zu|stän|dig
zu|stim|men, du stimmst zu
die Zu|tat, die Zu|ta|ten
sich zu|trau|en, du traust dir zu
zu|trau|lich
zu|ver|läs|sig
zu|wi|der
der Zwang, die Zwän|ge
er zwang ◁ zwingen
sich zwän|gen, du zwängst dich
zwangs|läu|fig
zwan|zig ❻
zwar
der Zweck, die Zwe|cke
zweck|los
zwei
zwei|ei|ig
der Zwei|fel, die Zwei|fel
zwei|fel|haft
zwei|fel|los ❸
zwei|feln, du zweifelst

der Zweig, die Zwei|ge
zwei|mal
der Zwerg, die Zwer|ge
die Zwetsch|ge – Zwet|sche,
die Zwetsch|gen –
Zwet|schen
zwi|cken, du zwickst
der Zwie|back,
die Zwie|ba|cke –
Zwie|bä|cke ❷
die Zwie|bel, die Zwie|beln ❼
der Zwil|ling, die Zwil|lin|ge
zwin|gen, du zwingst,
er zwang
der Zwin|ger, die Zwin|ger
zwin|kern, du zwinkerst
zwi|schen
zwi|schen|durch
zwit|schern, er zwitschert
zwölf
zwölf|mal
der Zy|lin|der,
die Zy|lin|der ❽
Zy|pern

A
B
C
D
E
F
G
H
I
J
K
L
M
N
O
P
Q
R
S
T
U
V
W
X
Y
Z

Tipps zum richtigen Schreiben

Tipp **1** **Wobei mir deutliches Sprechen und genaues Hinhören helfen können**

Seite 206

Tipp **2** **Wie ich Silben nutzen kann**

Seite 208

Tipp **3** **Wie ich Wortbausteine nutzen kann**

Seite 212

Tipp **4** **Wobei mir Wortfamilien helfen**

Seite 214

Tipp **5** **Wie ich entscheide, ob ich einen Doppelkonsonanten schreibe**

Seite 216

1 Wobei mir deutliches Sprechen und genaues Hinhören helfen können

Bei vielen Wörtern hilft mir genaues Hinhören und deutliches Sprechen.

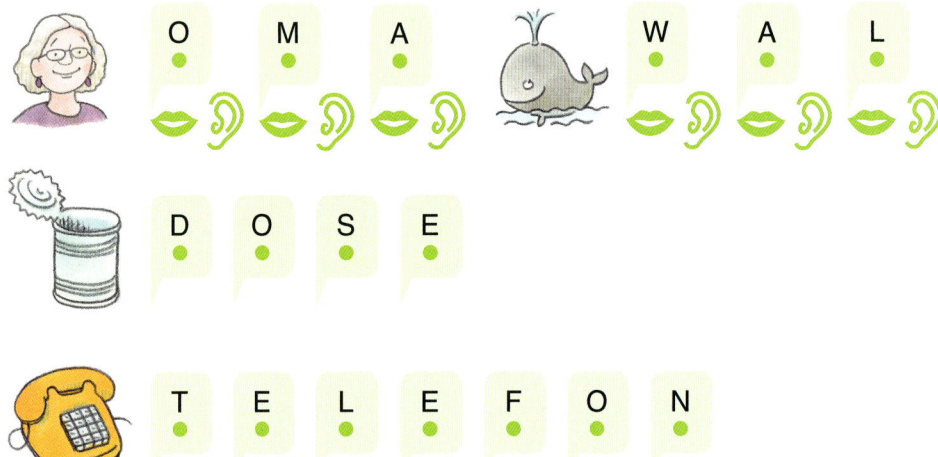

Es gibt Wörter, in denen ein Laut sich aus mehreren Buchstaben zusammensetzt.

Probiere den Tipp ① selbst aus.

1. Male für jeden Laut, den du bei deutlichem Sprechen hörst, einen Punkt.
Mache es so:

2. Zerlege die Wörter in ihre einzelnen Laute. Schreibe es so auf:

   Tomate • Zopf • Banane • Tisch •
                             Blume • Dach • Flasche • Baum

3. Wie viele Laute hörst du? Male für jeden Laut einen Punkt und schreibe die
Buchstaben darüber.

4. Suche fünf Wörter im Findefix, die mit ① gekennzeichnet sind. Schreibe die
Wörter auf. Sprich sie einem anderen Kind deutlich vor. Wie viele Laute hört
das Kind?

② Wie ich Silben nutzen kann

Silben, die mit einem
Vokal enden:

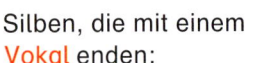

offene Silben

Silben, die mit einem
Konsonanten enden:

geschlossene Silben

Probiere den Tipp **2** selbst aus.

1. Silben kannst du klatschen, mit den Armen schwingen, gehen, mit den
Fingern zählen, schnipsen, …
Probiere mit den folgenden Wörtern, was bei dir am besten klappt:

Fledermaus • Palme • Fisch • Indianer • Ritter • Gabelstapler

2. • Suche dir zehn lange Wörter aus dem Findefix aus.
   • Schreibe sie auf Wortkarten.
   • Sprich die Wörter in Silben und zeichne dabei Silbenbögen darunter.
   • Zerschneide die Wörter in Silben und markiere dann die Vokale.
   • Ordne die Silben in offene und geschlossene Silben.

3. Suche dir eine Partnerin oder einen Partner. Mischt die Wortteile aus
Aufgabe 2. Fertig ist das Silbenpuzzle.

4. Welche Vokale fehlen? Schreibe die Wörter vollständig auf.

das T ⬛ l ⬛ f ⬛ n   der S ⬛ pp ⬛ nt ⬛ ll ⬛ r   der K ⬛ f ⬛ r

die Pr ⬛ nz ⬛ ss ⬛ n   der F ⬛ ßb ⬛ ll   der Sch ⬛ k ⬛ k ⬛ ch ⬛ n

die S ⬛ ß ⬛ gk ⬛ t ⬛ n   der H ⬛ f ⬛ sch   das P ⬛ s ⬛ nbr ⬛ t

5. Ordne die Wortbilder jeweils dem passenden Wort zu.

1. ●● ●● ●●● ●●   2. ●● ●●● ●●● ●● ●●

3. ●●● ●● ●● ●●●   4. ●●● ●●● ●●●

a. Fernseher • b. Kinokarte • c. Puppenhaus • d. Osterhase

6. Erfinde eigene Wortbild-Rätsel.

209

7. Schreibe die Silben auf Kärtchen. Setze sie dann zu Wörtern zusammen.
Markiere die Doppelkonsonanten farbig.

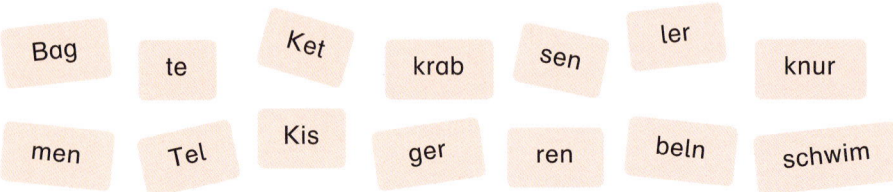

8. Welcher Doppelkonsonant fehlt? Schreibe die Wörter auf und zeichne die
Silbenbögen ein.

ll • bb • ss • mm • dd • rr • tt • ff • tt • ss • mm • nn

die Mi___e	der So___er	der Ka___ee	be___en
das Ho___y	zi___ern	die Kla___er	die Gita___e
gewi___en	die Flo___e	kü___en	pa___eln

9. Schreibe die Silben auf Kärtchen. Setze dann zu Wörtern zusammen.
Markiere das **tz** farbig.

Auch
tz gehört
zu den Doppel-
konsonanten.

10. Schreibe die Silben auf Kärtchen. Setze dann zu Wörtern zusammen.
Markiere das **ck** farbig.

Auch **ck**
gehört zu den
Doppelkonsonanten.
Es bleibt aber immer
zusammen.

11. Sprich die Wörter in Silben. Schreibe sie auf, zeichne die Silbenbögen ein und markiere das **ie**.

12. Sprich die Wörter in Silben. Entscheide, ob i oder ie fehlt. Wenn du unsicher bist, schau auf Seite 208 nach.

Schreibe die Wörter auf und zeichne Silbenbögen darunter.

die K▬nder	fl▬gen	der R▬gel	die Sp▬tze
l▬gen	die P▬zza	die ▬nsekten	n▬der
h▬nter	die M▬te	z▬hen	z▬ttern

13. Schreibe die Wörter nach Wortfamilien geordnet auf. Zeichne Silbenbögen ein und markiere das **ie**.

lieb • das Sieb • umziehen • die Liebe •

gesiebt • beziehen • er liebt • erziehen •

liebevoll • sie siebt • die Siebe • die Ziehung

14. Sammle im Findefix viele Wörter, die mit **2** gekennzeichnet sind. Zerlege die Wörter in Silben und überlege, warum dir die Silben beim richtigen Schreiben helfen.

15. Suche im Findefix und in eigenen Texten weitere Wörter, bei denen der Tipp **2** hilft.

③ Wie ich Wortbausteine nutzen kann

Aus Wortbausteinen kann ich Wörter bauen.

|Glück|

|glück|lich

|Un|glück|

|un|glück|lich|

|un|glück|lich|er|

|ver|un|glück|en|

Jedes Wort hat einen Wortstamm

Es gibt auch Wörter mit zwei Wortstämmen

Einige Wörter haben eine Vorsilbe

Es gibt auch Wörter mit mehreren Vorsilben

Einige Wörter haben eine Endsilbe

Manche Wörter haben mehrere Endsilben

Der Wortstamm verändert sich meistens nicht.

|find|en |fall|en   Ge|schenk|

er|find|en   um|fall|en   ver|schenk|en

Er|find|ung   ver|fall|en |Schenk|ung

|Find|ling   Un|fall| ein|schenk|en

|find|ig |Fall|tür   aus|schenk|en

Es gibt Wörter mit zwei Wortstämmen.

|Haus||tür| |Uhr||zeit|

|Arm||band| |Kopf||tuch|

|Ball||kleid| |Tisch||bein|

|Spiel||platz| |Blei||stift|

Das sind zusammengesetzte Wörter. Sie haben zwei Wortstämme.

Probiere den Tipp **3** selbst aus.

1. Ordne die Wortbausteine. Schreibe die Wörter auf. Markiere bei jedem Wort Wortstamm, Vorsilbe und Endsilbe.

2. Schreibe die Wörter auf. Markiere bei jedem Wort den Wortstamm.

vorkommen • giftig • trocken • Änderung • nützlich • Heizung •

umfallen • vergessen • Vorsorge • ablenken

3. Finde Wörter mit dem Wortstamm ⌊kauf⌋. Schreibe die Wörter auf. Vergleiche deine Wörter mit den Wörtern eines anderen Kindes.

4. Ordne die Wörter den Wortbausteinen zu.

Schreibe so auf: ⌊kauf⌋en

versuchen • jung • Einbildung • riechen • unglaublich • vorstellen •

Halstuch • lustig • unerträglich • ausdenken • verlaufen • Schreibtisch

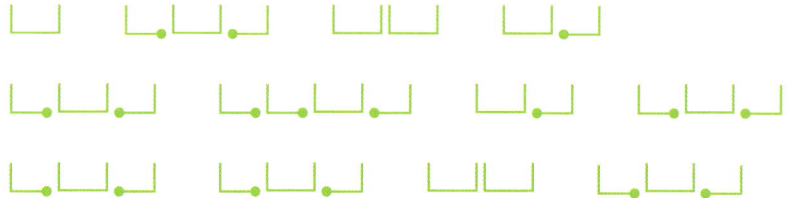

4 Wobei mir Wortfamilien helfen

Wörter einer Wortfamilie haben den gleichen Wortstamm.

Bei Wortfamilien mit h bleibt das h immer im Wortstamm.

In manchen Wortfamilien verändert sich der Wortstamm.

Schreibe ich …

… die H**e**nde oder die H**ä**nde?

… die H**eu**ser oder die H**äu**ser?

… **ä**lter oder **e**lter?

… k**e**lter oder k**ä**lter?

… du f**ä**ngst oder du f**e**ngst?

Wenn ich nicht weiß, ob eu oder äu,
suche ich einen Verwandten:

z.B. das H**au**s → die H**äu**ser

Wenn ich nicht weiß, ob e oder ä,
suche ich einen Verwandten:

z.B. **a**lt → **ä**lter
f**a**ngen → du f**ä**ngst

Probiere den Tipp ④ selbst aus.

1. Hier sind die Familien durcheinander geraten. Welche Wörter gehören zu
einer Wortfamilie? Schreibe die Wörter nach Wortfamilien auf und markiere
den Wortstamm.

Mache es so: **kauf** : ver|kauf|en, |kauf|en, …

Fahrrad	bauen	fahren	Bauarbeiter
mitarbeiten	Fähre	gebaut	arbeitslos
Fahrgestell	Fahrt	Verarbeitung	Gebäude
Baugerüst	Vorarbeiter	gefahren	erbaut
Arbeitswoche	Baustelle	ausfahren	Heimarbeit

2. Bilde mit den Wortbausteinen Wörter der Wortfamilie **lauf** .
Schreibe die Wortfamilie auf.

Schreibe es so auf: |lauf|en|

3. Überlege, wie die Wörter geschrieben werden. Suche dazu die passenden
Verwandten.

Schreibe so: der B**a**ll → die B**ä**lle

die L ▪ nder	die M ▪ se	die W ▪ nde	die Z ▪ hne	die L ▪ se
die H ▪ hne	w ▪ rmer	▪ rmer	k ▪ lter	st ▪ rker
du l ▪ fst	l ▪ nger	du tr ▪ gst	n ▪ her	du f ▪ hrst

4. Wer passt nicht in die Wortfamilie? Schreibe nur die neun Wörter auf,
die zu der Wortfamilie gehören.

käuflich • kauen • kaufen • verkaufen • Käuferin • Kaufhaus •

Verkäufer • gebaut • Einkauf • gekauft • Ausverkauf • verlaufen

⑤ Wie ich entscheide, ob ich einen
Doppelkonsonanten schreibe **mm** **ck** **ll** **tz** **ff**

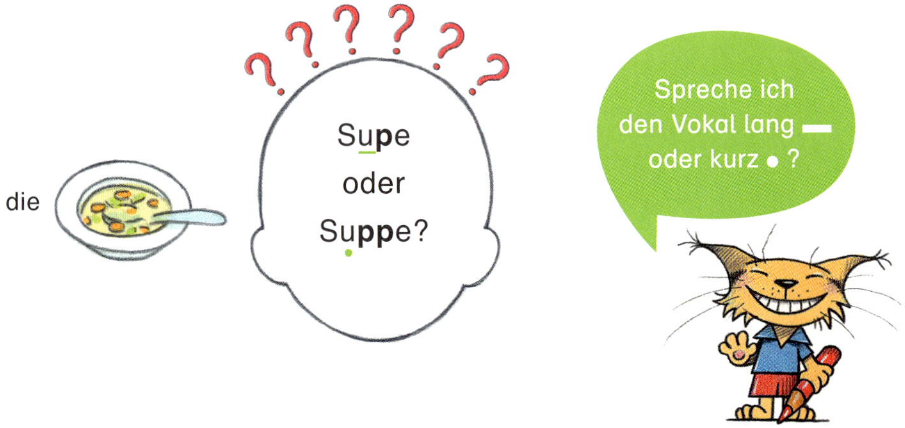

die

Su<u>p</u>e
oder
Su**pp**e?

Spreche ich
den Vokal lang ▬
oder kurz ● ?

die

Su**pp**e

Ich spreche
in Silben.

216

Probiere den Tipp **5** selbst aus.

1. Ordne die Wörter in einer Tabelle nach lang und kurz gesprochenen Vokalen.
Setze die fehlenden Konsonanten ein. Zeichne Silbenbögen unter jedes Wort.

der A ▅▅ e   die Sä ▅▅ e   die Ta ▅▅ e   die Blu ▅▅ e

die Fe ▅▅ er   die Do ▅▅ e   der Pu ▅▅ i   die Li ▅▅ en

2. Setze diese Konsonanten richtig ein. Schreibe
die Wörter auf und markiere die Konsonanten.

nn • t • ss • l • rr • m • n • ll • s • tt • r • mm

der Wo ▅▅ f   die Wo ▅▅ e

die Ka ▅▅ e   die Ka ▅▅ te

das Zi ▅▅ er   der Zi ▅▅ t

pla ▅▅   plä ▅▅ schern

die Ka ▅▅ te   die Ka ▅▅ e

der Ku ▅▅   die Kü ▅▅ te

Nach
einem kurzen Vokal
stehen mindestens zwei
Konsonanten – entweder
zwei gleiche oder zwei
verschiedene.

3. Entscheide, welche Buchstaben fehlen. Nutze ▬ , ● und in Silben sprechen.
Schreibe die Wörter richtig auf.

s oder ss: fa▬en	t oder tt: re▬en	b oder bb: gra▬en
m oder mm: ja▬ern	f oder ff: schla▬en	r oder rr: ze▬en
d oder dd: pu▬ern	g oder gg: la▬ern	n oder nn: kö▬en

4. Schreibe zu jedem Wort mit Doppelkonsonant aus Aufgabe 3 fünf verwandte
Wörter. Markiere die Doppelkonsonanten farbig.

5. Verlängere die Wörter, sodass sie zweisilbig werden.

Schreibe so: nett ↪ net ter

der Kamm • straff • das Bett • fett • toll •

das Fass • komm • der Herr • voll • der Kuss

6. Richtig oder falsch? Nutze ▬ , ● und in Silben sprechen. Schreibe die Wörter
richtig auf.

summen	der Schlüsel	der Koffer
der Tedy	die Blumme	schälen
besser	immer	die Wane
lobben	sinngen	zottelig

218

In deutschen Wörtern gibt es kein **kk** und **zz**. Stattdessen verwenden wir **ck** und **tz**.

Achtung beim Trennen: **ck** bleibt immer zusammen (pa-cken). **tz** wird getrennt (Kat-ze).

7. Setze **k** oder **ck** ein. Schreibe die Wörter auf. Markiere die Konsonanten. Kontrolliere mit dem Findefix.

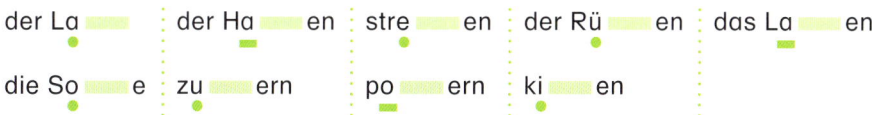

der La ____   der Ha ____ en   stre ____ en   der Rü ____ en   das La ____ en

die So ____ e   zu ____ ern   po ____ ern   ki ____ en

8. Setze die Silben zu Wörtern zusammen. Schreibe auf und markiere **tz** farbig.

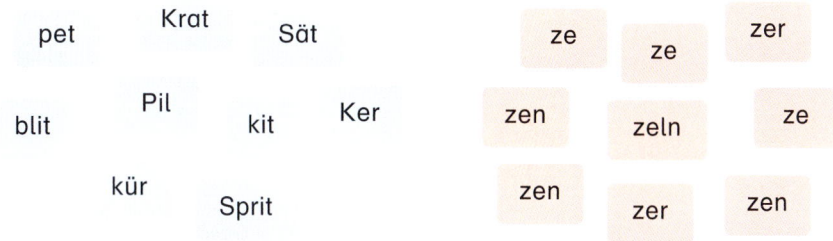

pet   Krat   Sät   ze   ze   zer

blit   Pil   kit   Ker   zen   zeln   ze

kür   Sprit   zen   zer   zen

9. Schreibe alle Wörter aus den Aufgaben 7 und 8, die man trennen kann, mit einem Trennungsstrich auf: der Ha-ken, …

10. Sammle im Findefix viele Wörter, die mit **5** gekennzeichnet sind. Beweise mit Tipp **5** die Schreibung der Wörter.

11. Suche im Findefix und in eigenen Texten weitere Wörter, bei denen der Tipp **5** hilft.

6 ## Wobei mir das Verlängern von Wörtern hilft

der   Hun**t**   die
                       oder
                       Hun**d**?

 der Hun■   **t oder d?**     die Hun-**d**e, also: der Hun**d**

 das Hef■   **t oder d?**     die Hef-**t**e, also: das Hef**t**

 lan■   **k oder g?**    län-**g**er, also: lan**g**

 star■   **k oder g?**     stär-**k**er, also: star**k**

 er hu■t   **p oder b?**     wir hu-**p**en, also: er hu**p**t

 sie gru■   **p oder b?**     wir gru-**b**en, also: sie gru**b**

Probiere den Tipp **6** selbst aus .

1. Überlege, welche Buchstaben fehlen. Beweise mit dem verlängerten Wort.
   Schreibe so: die Hor-**t**e → der Hor**t**. Schlage die Wörter zur Kontrolle nach.

   d oder **t**?   die Wu ▬   die Han ▬   run ▬   ro ▬
   wil ▬   das Lan ▬   gu ▬   das Bil ▬   das Gol ▬

   g oder **k**?   der We ▬   kran ▬   der Krie ▬   blan ▬
   sie sie ▬ t   die Ban ▬   er betro ▬   der Zu ▬   er zan ▬ t

   b oder **p**?   lie ▬   der Ty ▬   der Kor ▬   hal ▬
   sie zir ▬ t   das Lo ▬   er we ▬ t   das Kal ▬   der Siru ▬

2. Zerlege diese Wörter zuerst. Schreibe so: die Kin-**d**er → die Kin**d**heit

   das Wan ▬ regal   dasTrü ▬ sal   die Wer ▬ bank   der Stau ▬ sauger

3. Vervollständige die Sätze. Schreibe sie auf und nutze sie als Hilfe.

   Bei Adjektiven hilft mir meist …   … die erste Vergleichsstufe zu bilden.

   Bei Nomen hilft mir meist …   … den Plural zu bilden.

   Bei Verben hilft mir meist …   … den Infinitiv zu bilden.

4. Sammle im Findefix zehn Wörter, die mit **6** gekennzeichnet sind.
   Verlängere jedes Wort. Schreibe wie bei Aufgabe 1.

5. Suche auch in eigenen Texten Wörter, bei denen Tipp **6** hilft.

7 Wie ich herausfinde, ob ich ein Wort großschreibe A a

1 Das Wort am Satzanfang schreibe ich immer groß.

Im Herbst verlieren die Bäume ihre Blätter.
Der Junge spielt gut Tennis.
Heute kochen wir Nudeln.

2 Nomen schreibe ich immer groß.

Nomen sind …
… Namen für Menschen.   → z.B. **Max**, **Dirk**, **Anne**
… Namen für Tiere.   → z.B. der **Vogel**, der **Hund**, die **Ameise**
… Namen für Pflanzen.   → z.B. die **Blume**, der **Busch**, der **Fisch**
… Namen für Dinge.   → z.B. der **Tisch**, das **Auto**, das **Buch**
… Namen für Gedanken / Gefühle.   → z.B. der **Traum** und die **Freude**
… Namen für Ereignisse.   → z.B. der **Geburtstag**

Nomen erkenne ich daran, dass …
… ich einen **bestimmten Artikel oder unbestimmten Artikel** davorsetzen kann.
  → **die** Schule / **eine** Schule
… ich ein **Adjektiv** davorsetzen kann.
  → die **große** Schule

Wenn mindestens zwei dieser Erkennungsmerkmale auf ein Wort zutreffen, ist es ein Nomen.

Nomen sind …
… Wörter, die auf -heit, -keit, -ung, -nis, -schaft und -tum enden,
  z.B. Dunkel**heit**, Freundlich**keit**, Erneuer**ung**, Wag**nis**,
  Freund**schaft**, Reich**tum**.
… Wörter, die im Singular und im Plural gebraucht werden,
  z.B. **die Blume** – **die Blumen**, **der Traum** – **die Träume**.

Probiere den Tipp **7** selbst aus.

1. Hier sind alle Wörter kleingeschrieben. Schreibe den Text richtig auf.
   Kreise immer das Wort am Satzanfang ein und unterstreiche alle Nomen.

> das pferd war sehr wild. es galoppierte über die wiesen. leider stand das
> tor offen. so konnte das pferd hinauslaufen. das war eine große aufre-
> gung. alle großen kinder wollten das pferd wieder einfangen. geschafft
> haben es schließlich tina und jan. da war die freude groß.

2. Schreibe alle Nomen ab. Was hat dir geholfen, die Nomen zu finden?
   Tausche dich mit einem anderen Kind aus.

> In der Nacht sind alle wilden Katzen unterwegs. Sie gehen auf große
> Mäusejagd. Aber die flinken Mäuse sind sehr geschickt. Sie verstecken
> sich in einer alten Mülltonne mit einem klitzekleinen Loch an der Seite.
> So sind die schlauen Mäuse gut geschützt und die hungrigen Katzen
> müssen weiterziehen.

3. Sammle Namen für Gedanken und Gefühle und schreibe sie auf.

4. Suche Wörter im Findefix mit der Nr. **7**. Erkläre einem anderen Kind,
   warum die Wörter großgeschrieben werden.

5. Finde zu jedem Adjektiv möglichst viele Nomen.

   Schreibe so auf: der <u>alte</u> Mann, das <u>alte</u> Sofa, die <u>alten</u> Schuhe, …

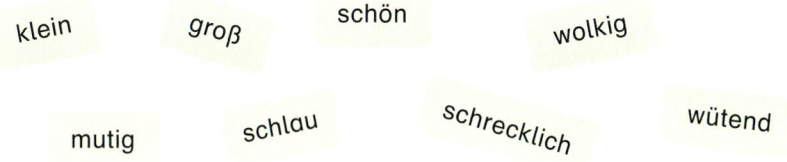

8 Welche Wörter ich mir merken muss M

Hier siehst du besondere **Merkstellen**:

Es gibt Wörter, die ich mir **merken** muss!

Tiger

i

lang gesprochen

Vogel

v

Klee

ee

Waage

aa

Boot

oo

Hexe

x

Fuchs

chs

Keks

ks

Pyramiden Yoga

y

Käfer

ä

ohne Verwandten mit a

Stuhl

h

stummes

Straße

ß

Probiere den Tipp **8** selbst aus. Das hilft dir beim Wörter merken:

1. Schreibe die Merkwörter bunt, **ganz groß**, klitzeklein, … auf ein Plakat.
Hänge das Plakat an einer Stelle auf, wo du es oft siehst.

2. Kennzeichne die Merkstelle immer besonders:

einkreisen: M⟨oo⟩s　　　unterstreichen: Lu<u>chs</u>

markieren: V ase　　　nachfahren: stoßen

3. Schreibe kurze Sätze oder Unsinnsätze mit deinen Merkwörtern.
Beispiel: Der Bär isst gern Käse.

4. Sortiere die Merkwörter nach dem ABC. Schreibe sie geordnet auf.

5. Schreibe die Wörter aus der Wortfamilie des Merkwortes auf.
Beispiel: fahren, das Fahrrad, er fährt, gefahren …

6. Schreibe mit den Merkwörtern zusammengesetzte Wörter,
z.B. Biberbau, Fußball, Höhleneingang, …

7. Suche dir eine Partnerin oder einen Partner. Diktiert euch die Merkwörter
gegenseitig und kontrolliert sie mit dem Findefix.

8. Suche im Findefix Wörter, die mit Nummer **8** gekennzeichnet sind,
oder Merkwörter aus deinen eigenen Texten. Wähle dazu aus den Übungen
1 bis 6 aus.

9. Richtig viel schreiben hilft. Welche Wörter möchtest du dir besonders
merken? Schreibe eine ganze Zeile oder eine ganze Seite deiner Merkwörter.

9 Wie ich Zweifel nutze ?!

Gehe jedem noch so kleinen Zweifel nach.
Die Tipps können dir helfen.

Tipp

1 Wobei mir deutliches Sprechen und
genaues Hinhören helfen können

2 Wie ich Silben nutzen kann

3 Wie ich Wortbausteine nutzen kann

4 Wobei mir Wortfamilien helfen

5 Wie ich entscheide, ob ich einen
Doppelkonsonanten schreibe

mm ck ll tz ff

6 Wobei mir das Verlängern
von Wortern hilft

7 Wie ich herausfinde, ob ich ein
Wort großschreibe

A a

8 Welche Wörter ich mir merken muss

M

9 Wie ich Zweifel nutze

?!

10 Wie ich im Wörterbuch
nachschlage

Probiere den Tipp **9** selbst aus.

1. Fehlersuche: Sind die Wörter richtig oder falsch geschrieben?
   Erkläre einem anderen Kind mit dem passenden Tipp.

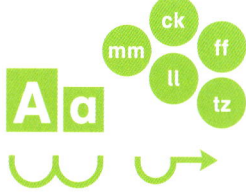

der Zettel	der Brif	das Glück
er hubt	koch	liefern
das Laub	die Krabbe	die Tatze
schwizen	hoffnung	der Rant

2. Überprüfe mit dem Findefix.

   T-Shirt • Triumpf • Ypsilon

   Moor • Wirus • tüpisch

   Falls du ein Wort nicht gleich findest, informiere dich auf Seite 58/59.

3. Merke dir folgende vier Schritte
   und wende sie bei deinen eigenen
   Texten zur Überarbeitung an:

   Auf den Seiten 234 – 246 findest du weitere Hilfen dazu.

Ich lese mir meinen Text ganz
langsam durch und spreche dazu.
Dann lese ich ihn von hinten nach
vorne durch.

Ich berichtige Fehler, die ich entdecke, sofort.
Wörter, bei denen ich noch zweifle, markiere ich farbig.

Satzanfänge schreibe ich groß. Ich überprüfe das.

Ich lese den Text ein letztes Mal durch und achte nur auf
die Großschreibung der Nomen.

Schreibideen-Säckchen

1. Überlege, welche Gegenstände dir auf einer Insel helfen können, Gefahren zu entgehen.

2. Suche dir mindestens fünf Gegenstände aus.

3. Schreibe die ausgewählten Gegenstände auf Wortkärtchen.

4. Lege die Kärtchen in eine Reihenfolge, die für deine Geschichte möglich sein kann. Probiere verschiedene Reihenfolgen.

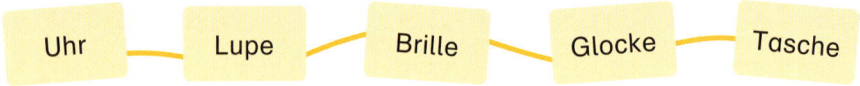

Uhr   Lupe   Brille   Glocke   Tasche

5. Bastle ein Schreibideen-Säckchen und schreibe eine Geschichte dazu. Überlege dir selbst ein Thema oder wähle aus:

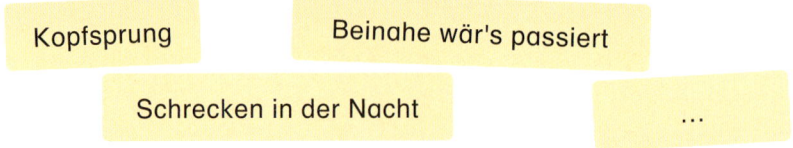

Kopfsprung   Beinahe wär's passiert

Schrecken in der Nacht   …

Ideennetz

1. Lege ein leeres Blatt quer auf den Tisch.

2. Schreibe in die Mitte ein Wort und umkreise es, z.B.:

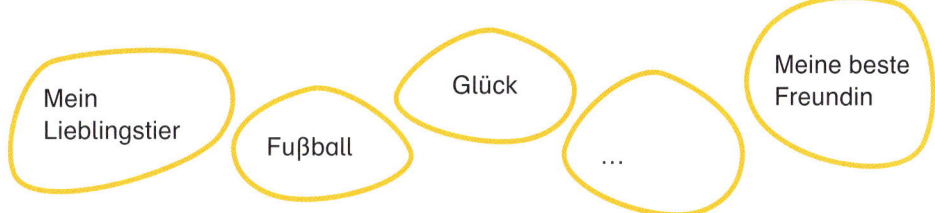

Mein Lieblingstier

Fußball

Glück

...

Meine beste Freundin

3. Schreibe um das umkreiste Wort herum alles, was dir dazu einfällt. Umkreise auch diese Notizen und verbinde sie mit der Mitte. So entsteht ein Ideennetz.

...

hilfsbereit

...

Meine beste Freundin

...

ist immer für mich da

hat gute Ideen

...

4. Schreibe weitere Ideennetze.

Kalendergeschichten

1. Welchen Monat magst du besonders gern? Schreibe auf.

2. Denke dir Wörter aus, die zu diesem Monat besonders gut passen, und schreibe sie auf.

3. Schreibe mit deinen Monatswörtern deine Monatsgeschichte.

4. Welchen Namen möchtest du deinem Monat geben? Denke dir ein zusammengesetztes Nomen mit dem Grundwort „Monat" aus. Benutze den Namen als Überschrift für deine Monatsgeschichte, z.B.:

| Halloweenmonat | Ferienmonat | Schneemonat | ...monat |

5. Lies deine Monatsgeschichte einem anderen Kind vor. Lass es erraten, um welchen Monat es geht.

6. Sucht passende Bilder für eure Monatsgeschichten.

7. Gestaltet einen Geschichtenkalender für die Klasse, indem ihr Bilder und Geschichten auf Fotokarton anordnet.

Bilder erzählen Geschichten

1. Sammelt Fotos oder Bilder, die euch überraschen, die ihr toll findet, über die ihr euch wundert, …

2. Bildet einen Stuhlkreis, legt die gesammelten Bilder in die Mitte.

3. Alle suchen sich jeweils ein Bild aus, zu dem sie etwas schreiben möchten.

4. Zeigt euch die ausgewählten Bilder und überlegt, welche für einen Text zusammenpassen könnten.

5. Bildet Gruppen mit nicht mehr als vier Personen. Tauscht eure Ideen aus.

6. Überlegt euch eine mögliche Überschrift. Schreibt gemeinsam einen Text.

7. Prüft, ob eure Überschrift zu eurer Geschichte passt. Wenn nicht, denkt euch eine neue Überschrift aus.

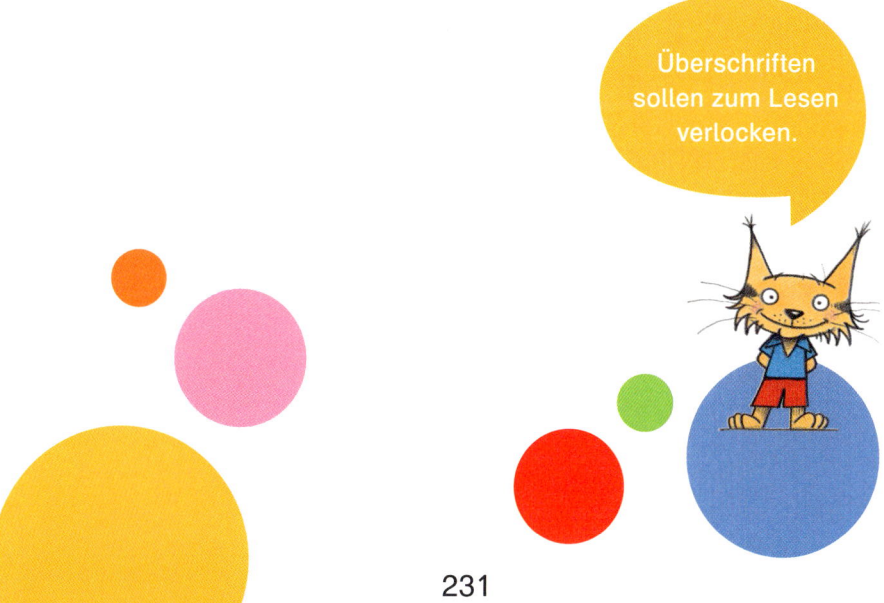

Überschriften sollen zum Lesen verlocken.

W-Fragen

1. Der Ort, in dem du lebst, ist sicher eine Geschichte wert. Überlege dir spannende Überschriften für eine mögliche Geschichte.

| … -Krimi | Mein Lieblingsplatz in … | Aufregung am … |

2. Schreibe möglichst viele Überschriften auf.

3. Tragt eure Überschriften in der Klasse / Gruppe vor.

4. Zu welcher Überschrift fällt dir am meisten ein? Es kann auch die Überschrift eines anderen Kindes sein.

5. Ordne deine Ideen zu einer Überschrift mithilfe der folgenden W-Fragen und mache dir Notizen.

W-Fragen

Wer erlebt / tut etwas?

Mit **wem**?

Wo genau?

Wann passiert es?

… ?

6. Denke dir weitere Fragen aus.

7. Schreibe nun deinen Text. Beantworte dabei mindestens drei Fragen.

Texte schreiben

1. Bevor du mit dem Schreiben deines Textes beginnst,
   nimm dir Zeit für deine Ideen.

   Du kannst …

   - ein Ideennetz anfertigen (Seite 229),
   - W-Fragen beantworten (Seite 232),
   - dir Überschriften ausdenken (Seite 232),
   - Stichwörter notieren,
   - mit einem anderen Kind Ideen austauschen,
   - im Internet recherchieren,
   - …

2. Gestalte deinen Schreibplatz so, dass du dich wohl fühlst.
   Wähle einen Stift, mit dem du gut und gerne schreibst.

3. Du wirst später deinen Text überarbeiten. Das erleichterst du dir,
   indem du entweder …

   - nur jede 2. Zeile beschreibst oder
   - das Blatt in der Mitte faltest und nur die eine Hälfte beschreibst.

Wenn du fertig bist, lies deinen Text halblaut für dich.

Texte unter die Lupe nehmen

Mit „Textlupen" könnt ihr in einer
Gruppe Texte überarbeiten.

- Ein Textentwurf wird von mehreren Kindern gelesen.

- Jedes kann seine Meinung zu dem Text äußern, indem es sie aufschreibt.

- Das Autorenkind erhält anschließend diese Rück-meldung.

- Das Autorenkind kann frei entscheiden, wie es seinen Text überarbeitet.

Gehe so vor:

1. Bildet Gruppen mit bis zu fünf Kindern.

2. Entscheidet, welcher Text unter die Lupe genommen werden soll. Dieser wird für jedes Gruppenmitglied kopiert.

3. Jedes Gruppenmitglied liest den Text genau. Dazu erhält jedes Kind ein Blatt mit drei Fragen.

Was hat mir gut gefallen?	Wo habe ich noch Fragen?	Was schlage ich vor?
z.B. …	z.B. …	z.B.: Benutze die Wortfeld-sammlung auf Seite 238/239.

4. Das Autorenkind bekommt seinen Text zusammen mit den ausgefüllten Blättern.

5. Das Autorenkind entscheidet, ob es Vorschläge beim Überarbeiten annehmen möchte.

Schreibkonferenz

Ein Text ist selten auf Anhieb perfekt. Auch berühmte Autoren und Autorinnen überarbeiten ihre Texte mehrfach. Dabei ist eine Schreibkonferenz ein guter Weg.

- Das Autorenkind lädt zwei Kinder seiner Wahl als Schreibberater ein.
- Das Autorenkind liest seinen Text mindestens dreimal vor.
- Nach dem ersten Vorlesen wird gefragt, was nicht verstanden wurde.

Ist alles Wichtige enthalten?

Hat der Text einen guten Schluss?

Ist alles gut verständlich?

…?

Passt die Überschrift zum Text?

Ist die Geschichte spannend?

Macht der Anfang neugierig auf den Text?

- Das Autorenkind macht sich Zeichen im Text.
- Danach liest das Autorenkind seinen Text ein zweites Mal vor. Jetzt geht es darum, die Sprache zu untersuchen. So kann man das machen: Das Autorenkind liest abschnittsweise oder so lange, bis „Stopp" gesagt und ein Verbesserungsvorschlag gemacht wird.
- Die Schreibberater lesen den Text und geben Hinweise zur Rechtschreibung.

Gehe so vor:

1. Suche dir zwei Kinder deiner Wahl, mit denen du deinen Text in einer Schreibkonferenz überarbeiten möchtest.

2. Lies deinen Text vor. Bitte darum, genau darauf zu achten, ob alles verständlich ist. Die Fragen helfen dir dabei.

3. Mach dir Zeichen an Stellen deines Textes, die du später überarbeiten möchtest.

4. Lies deinen Text noch einmal vor. Jetzt geht es um die Sprache. Bitte um sprachliche Verbesserungsvorschläge (Checkliste S. 236/237).

5. Lass alle in deinen Text sehen und bitte um Hinweise zur Rechtschreibung.

Checklisten nutzen

Du kannst ...
- allein
- mit einem Partnerkind
- in einer Schreibkonferenz

... überprüfen, ob dein Text gelungen ist. Dazu eignen sich Checklisten. Die folgenden Checklisten sind Anregungen.

Mini-Checkliste

1. Ist alles verständlich?
2. Ist die Reihenfolge sinnvoll?
3. Ist die Überschrift passend?
4. Steht am Anfang das, was die Leser wissen müssen?
5. Hat der Text einen gelungenen Schluss?
6. ...

Checkliste für Sachtexte

1. Ist klar, worum es geht?
2. Werden die Vorgänge oder die Sache genau beschrieben?
3. Stimmt die Reihenfolge?
4. Werden Fachbegriffe gebraucht?
5. Ist alles Wichtige gesagt?
6. Ist Unnötiges weggelassen?
7. Ist der Text im Präsens geschrieben? (s. S. 242–245)
8. ...

Checkliste für Erzählungen

1. Macht die Überschrift neugierig?
2. Wird deutlich, wo die Erzählung spielt?
3. Kann man sich gut vorstellen, was passiert?
4. Werden die Personen vorgestellt?
5. Gibt es eine besonders spannende Stelle in der Erzählung?
6. Wird alles erzählt?
7. Wird die wörtliche Rede verwendet?
8. Werden in den Begleitsätzen unterschiedliche Verben benutzt? (s. S. 238)
9. Ist die Erzählung im Präteritum geschrieben? (s. S. 242–245)

Checkliste für eine Personenbeschreibung

1. Werden Einzelheiten erwähnt, z.B. Haarfarbe und -länge, Frisur, Gesichtsform, Nase, Augen, Mund, Figur, Größe, Kleidung, besondere Merkmale?

2. Sind besondere Merkmale benannt, z.B. Narbe, Muttermal?

3. Ist die Reihenfolge sinnvoll, z.B. von oben nach unten?

4. Helfen die Adjektive, sich die Person gut vorzustellen? (s. S. 239)

5. Sind treffende Wörter verwendet?

6. Ist nur das beschrieben, was man sehen kann?

7. ...

Checkliste für die sprachliche Überarbeitung

1. Wird die richtige Zeitform verwendet? (s. S. 242 – 245)

2. Sind die Satzanfänge abwechslungsreich? (s. S. 238/239)

3. Werden Wortwiederholungen vermieden?

4. Sind die entscheidenden Wörter treffend verwendet?

5. Werden auch Pronomen anstelle von Nomen verwendet? (s. S. 278)

6. ...

Nach Wörtern suchen: Wortfelder

lachen

grinsen, jauchzen, lächeln, prusten, gackern, kichern, sich schieflachen, strahlen, wiehern, schmunzeln

machen

erledigen, basteln, handeln, unternehmen, veranstalten, entwerfen, reparieren, fertigstellen, arbeiten, herzeigen, tun, zubereiten, ausführen, bewältigen

Satzanfänge: Gründe

darum, deshalb, daher, aus diesem Grund, andererseits, trotzdem, aber, jedoch, doch, so, kaum, dass, weil, obwohl, wenn

Präpositionen: Beschreibungen

vor, unter, hinter, neben, über, an, geradeaus, links, rechts, über, von, durch, in, im, an, am

schön

fabelhaft, himmlisch, perfekt, fantastisch, hübsch, bildschön, entzückend, lieblich, klasse, prächtig, niedlich, reizend, toll, traumhaft, prima, wunderbar, makellos, wunderschön, wundervoll, herrlich, strahlend, vollkommen, bezaubernd

dunkel

düster, finster, stockdunkel, dämmrig, schummrig, pechschwarz, trübe, stockfinster, rabenschwarz, nachtschwarz

sagen

ankündigen, verkünden, antworten, fragen, ausrichten, berichten, behaupten, benachrichtigen, beschreiben, erzählen, beteuern, brüllen, schreien, brummeln, durchsagen, ansagen, einwenden, entgegnen, erklären, erwähnen, klagen, informieren, flüstern, flehen, meinen, mitteilen, murmeln, plappern, rufen, reden, plaudern, flüstern, schwätzen, stammeln, stottern, tuscheln, sprechen, vorschlagen, vortragen, wispern

gehen

laufen, rennen, schreiten, wandern, marschieren, schleichen, huschen, eilen, hopsen, bummeln, waten, springen, flitzen, sich fortbewegen, hasten, humpeln, sausen, schlurfen, spurten, joggen, stapfen, trippeln

böse

zornig, heimtückisch, bitterböse, abscheulich, schlimm, hinterhältig, übel, sauer, boshaft, ekelhaft, fies, wütend, verärgert, frech, ungut, garstig, gehässig, unfreundlich, gemein, niederträchtig, hinterlistig, unangenehm, tückisch

Adjektive: Personenbeschreibungen

oval, rund, eckig, kurz, lang, schmal, groß, klein, mittelgroß, dick, dünn, mager, pummelig, mollig, schlank, zierlich, hellbraun, dunkelbraun, schwarz, blond, rot, braun, grau

Geräusche

Klang, Lärm, Laut, Geraschel, Krach, das Kreischen, Ton, Getöse, Gebrumm, Knall, das Knistern, das Knacken, das Summen, Schall, Geschrei, Geknister

sehen

gucken, ansehen, bemerken, beobachten, betrachten, blinzeln, erblicken, entdecken, spähen, erkennen, mustern, schauen, starren, besichtigen, wahrnehmen

Satzanfänge: Zeit

plötzlich, auf einmal, unerwartet, in diesem Augenblick, zuerst, nun, dann, danach, zunächst, als Nächstes, bevor, immer wieder, später, jetzt, während, einmal, schließlich, zuletzt, im Anschluss, damals, neulich, gleichzeitig, inzwischen, endlich, später, schließlich, im Laufe der Zeit, manchmal, oft, immer wieder, vor langer Zeit, vor kurzem

Die richtige Zeitform gebrauchen

Manche Vergangenheitsformen sind schwierig zu bilden.

1. Übertrage die Denkblasen. Verwende die richtigen Vergangenheitsformen.

Tipp   Du findest die richtigen Vergangenheitsformen
in der Tabelle auf S. 242 – 245.

2. Schreibe die Infinitivformen der Verben in den Denkblasen heraus und bilde
die richtige Präsensform in der 2. Person Singular.

Schreibe so: gewinnen → du gewinnst (s. S. 242 – 245).

3. Übertrage die Infinitive unten und bilde die richtigen Präsensformen in der
2. Person Singular. Markiere, was sich verändert hat.

Schreibe so: m**e**ssen → du m**i**sst.

graben • helfen • essen • fahren • geben

mögen • tragen • sehen • können • dürfen

240

Ayse … (schreiben) einen langen
Brief an ihre Mutter und … (bringen)
ihn sofort zum Briefkasten.

Der Schiedsrichter …
(pfeifen) einen Strafstoß,
weil er ein Foul … (sehen).

Die Angeklagte … (schweigen)
zu allen Fragen, die der Richter
… (vorlesen).

Du … (fahren) mit dem
Fahrrad zur Schule,
obwohl es in Strömen
… (gießen).

Wir … (mögen) es auf der
Klassenreise am liebsten,
wenn es Spaghetti … (geben).

1. Übertrage die Textstellen, ersetze die Infinitivformen durch die richtigen
   Präteritumformen (s. S. 242 – 245).

2. Schreibe die Infinitivformen der Verben heraus und bilde die richtigen Perfekt-
   formen. Wähle unterschiedliche Personalformen (ich, du, er sie es, wir, ihr, sie).

   Schreibe so: finden → wir haben gefunden

Infinitiv (Grundform)	Präsens (Gegenwart)	Präteritum (1. Vergangenheit)	Perfekt (2. Vergangenheit)
B			
befehlen	du befiehlst	sie befahl	er hat befohlen
beginnen	du beginnst	sie begann	er hat begonnen
beißen	du beißt	sie biss	er hat gebissen
biegen	du biegst	sie bog	er hat gebogen
bieten	du bietest	sie bot	er hat geboten
bitten	du bittest	sie bat	er hat gebeten
blasen	du bläst	sie blies	er hat geblasen
bleiben	du bleibst	sie blieb	er ist geblieben
braten	du brätst	sie briet	er hat gebraten
brechen	du brichst	sie brach	er hat gebrochen
brennen	es brennt	es brannte	es hat gebrannt
bringen	du bringst	sie brachte	er hat gebracht
D			
denken	du denkst	sie dachte	er hat gedacht
dürfen	du darfst	sie durfte	er hat gedurft
E			
empfangen	du empfängst	sie empfing	er hat empfangen
empfehlen	du empfiehlst	sie empfahl	er hat empfohlen
empfinden	du empfindest	sie empfand	er hat empfunden
erschrecken	du erschrickst du erschreckst ihn	sie erschrak sie erschreckte ihn	er ist erschrocken er erschreckte ihn
essen	du isst	sie aß	er hat gegessen
F			
fahren	du fährst	sie fuhr	er ist gefahren
fallen	du fällst	sie fiel	er ist gefallen
fangen	du fängst	sie fing	er hat gefangen
finden	du findest	sie fand	er hat gefunden
fliegen	du fliegst	sie flog	er ist geflogen
fliehen	du fliehst	sie floh	er ist geflohen
fließen	du fließt	sie floss	er ist geflossen
fressen	du frisst	sie fraß	er hat gefressen
frieren	du frierst	sie fror	er hat gefroren

Infinitiv (Grundform)	Präsens (Gegenwart)	Präteritum (1. Vergangenheit)	Perfekt (2. Vergangenheit)
G			
geben	du gibst	sie gab	er hat gegeben
gehen	du gehst	sie ging	er ist gegangen
gelingen	es gelingt	es gelang	es ist gelungen
gelten	es gilt	es galt	es hat gegolten
geschehen	es geschieht	es geschah	es ist geschehen
gewinnen	du gewinnst	sie gewann	er hat gewonnen
gießen	du gießt	sie goss	er hat gegossen
graben	du gräbst	sie grub	er hat gegraben
greifen	du greifst	sie griff	er hat gegriffen
H			
haben	du hast	sie hatte	er hat gehabt
halten	du hältst	sie hielt	er hat gehalten
hängen	du hängst	sie hing / sie hängte	er hat gehangen
heben	du hebst	sie hob	er hat gehoben
heißen	du heißt	sie hieß	er hat geheißen
helfen	du hilfst	sie half	er hat geholfen
K			
kennen	du kennst	sie kannte	er hat gekannt
kommen	du kommst	sie kam	er ist gekommen
können	du kannst	sie konnte	er hat gekonnt
kriechen	du kriechst	sie kroch	er ist gekrochen
L			
lassen	du lässt	sie ließ	er hat gelassen
laufen	du läufst	sie lief	er ist gelaufen
leiden	du leidest	sie litt	er hat gelitten
leihen	du leihst	sie lieh	er hat geliehen
lesen	du liest	sie las	er hat gelesen
liegen	du liegst	sie lag	er hat gelegen
lügen	du lügst	sie log	er hat gelogen
M			
messen	du misst	sie maß	er hat gemessen
mögen	du magst	sie mochte	er hat gemocht

243

Infinitiv (Grundform)	Präsens (Gegenwart)	Präteritum (1. Vergangenheit)	Perfekt (2. Vergangenheit)
müssen	du musst	sie musste	er hat gemusst
N			
nehmen	du nimmst	sie nahm	er hat genommen
nennen	du nennst	sie nannte	er hat genannt
P			
pfeifen	du pfeifst	sie pfiff	er hat gepfiffen
R			
raten	du rätst	sie riet	er hat geraten
reißen	du reißt	sie riss	er hat gerissen
reiten	du reitest	sie ritt	er hat geritten
rennen	du rennst	sie rannte	er ist gerannt
riechen	du riechst	sie roch	er hat gerochen
rufen	du rufst	sie rief	er hat gerufen
S			
scheinen	du scheinst	sie schien	er hat geschienen
schieben	du schiebst	sie schob	er hat geschoben
schießen	du schießt	sie schoss	er hat geschossen
schlafen	du schläfst	sie schlief	er hat geschlafen
schlagen	du schlägst	sie schlug	er hat geschlagen
schleichen	du schleichst	sie schlich	er ist geschlichen
schließen	du schließt	sie schloss	er hat geschlossen
schmelzen	du schmilzt	sie schmolz	er hat geschmolzen
schneiden	du schneidest	sie schnitt	er hat geschnitten
schreiben	du schreibst	sie schrieb	er hat geschrieben
schreien	du schreist	sie schrie	er hat geschrien
schweigen	du schweigst	sie schwieg	er hat geschwiegen
schwimmen	du schwimmst	sie schwamm	er ist geschwommen
schwören	du schwörst	sie schwor	er hat geschworen
sehen	du siehst	sie sah	er hat gesehen
sein	du bist	sie war	er ist gewesen
senden	du sendest	sie sandte / sie sendete	er hat gesandt / er hat gesendet
singen	du singst	sie sang	er hat gesungen

Infinitiv (Grundform)	Präsens (Gegenwart)	Präteritum (1. Vergangenheit)	Perfekt (2. Vergangenheit)
sinken	du sinkst	sie sank	er ist gesunken
sitzen	du sitzt	sie saß	er hat gesessen
sprechen	du sprichst	sie sprach	er hat gesprochen
springen	du springst	sie sprang	er ist gesprungen
stechen	du stichst	sie stach	er hat gestochen
stehen	du stehst	sie stand	er hat gestanden
stehlen	du stiehlst	sie stahl	er hat gestohlen
steigen	du steigst	sie stieg	er ist gestiegen
stoßen	du stößt	sie stieß	er hat gestoßen
streiten	du streitest	sie stritt	er hat gestritten
			T
tragen	du trägst	sie trug	er hat getragen
treffen	du triffst	sie traf	er hat getroffen
treiben	du treibst	sie trieb	er hat getrieben
treten	du trittst	sie trat	er hat getreten
trinken	du trinkst	sie trank	er hat getrunken
tun	du tust	sie tat	er hat getan
			V
vergessen	du vergisst	sie vergaß	er hat vergessen
vergleichen	du vergleichst	sie verglich	er hat verglichen
verlieren	du verlierst	sie verlor	er hat verloren
verschwinden	du verschwindest	sie verschwand	er ist verschwunden
vorlesen	du liest vor	sie las vor	er hat vorgelesen
			W
wachsen	du wächst	sie wuchs	er ist gewachsen
waschen	du wäschst	sie wusch	er hat gewaschen
weichen	du weichst	sie wich	er ist gewichen
wenden	du wendest	sie wandte sie wendete	er hat gewandt er hat gewendet
werden	du wirst	sie wurde	er ist geworden
werfen	du wirfst	sie warf	er hat geworfen
			Z
ziehen	du ziehst	sie zog	er hat gezogen

245

Ausrufe machen eine Erzählung lebendig

„ … ", rief die Oma, als der Ball zum dritten Mal auf ihren Balkon flog.

Die Lehrerin hat die Angewohnheit, bei richtigen Antworten „ … " zu sagen.

Nachdem der Fahrradschlauch ein Loch hatte, sie den Bus verpasste und feststellen musste, dass sie den Schlüssel vergessen hatte, stöhnte sie: „ … "

„ … ", sagte mein Freund, als ich ihm von dem tollen Spielergebnis erzählte.

„ … ", entfuhr es ihm, als er sich in den Finger stach.

1. Vervollständige die Sätze mit passenden Ausrufen und schreibe sie auf.

2. Denke dir weitere Ausrufe aus und schreibe sie in Sprechblasen.

3. Suche dir einen Lernpartner. Ein Kind sagt einen Ausruf, das andere beschreibt in einem Satz, wann, wo und von wem der Ausruf gemacht wird.

4. Sammelt in der Klasse alle Ausrufe, die ihr gefunden habt. Schreibt sie auf ein Plakat. Verwendet sie beim Überarbeiten von Erzählungen.

Ein „Klassen-Buch"

1. Sammelt besonders gelungene Texte, die in eurer Klasse geschrieben werden. Überlegt, ob ihr Texte z.B. zu einem Thema (Monatsgeschichten, s.S. 230) oder die Texte aller Kinder in das „Klassen-Buch" aufnehmen wollt.

2. Überlegt, wer euer „Klassen-Buch" lesen wird. Es ist gut geeignet als Geschenk, z.B. für eine Lehrerin oder ein Kind, die die Schule verlassen.

3. Entscheidet, welche Größe die Blätter eures Buches haben sollen.

4. Legt eine Reihenfolge der Texte fest und schreibt ein Inhaltsverzeichnis.

5. Gebt eurem Buch einen Titel und entwerft einen passenden Buchdeckel.

6. Gestaltet das „Klassen-Buch". Ihr könnt Fotos, Zeichnungen, Postkarten, Kopien auch von anderen Texten, Collagen und vieles andere verwenden.

7. Achtet auf gute Lesbarkeit. Kontrolliert die Rechtschreibung, benutzt dazu den Findefix.

8. Fügt die einzelnen Blätter zu einem Buch zusammen, z.B. mit einer Spiralbindung, …

9. Wenn ihr euer „Klassen-Buch" kopiert, könnt ihr es

   • als Erinnerung an die Grundschulzeit für euch behalten.

   • Eltern zu Weihnachten schenken.

   • …

Autorenstunde

Eigene Geschichten gut vorzutragen ist nicht einfach. Um eine schöne Atmosphäre herzustellen, solltet ihr einige Vorbereitungen treffen.

1. Bittet eure Lehrerin oder euren Lehrer eine Unterrichtsstunde für das Vortragen eurer Geschichten zur Verfügung zu stellen.

2. Stellt Tische und Stühle so, dass alle gut zuhören können.

3. Stellt einen Stuhl für das Autorenkind bereit und richtet ihn schön her.

4. Überlegt, ob ihr einen Blumenstrauß oder eine Kerze für diese besondere Gelegenheit in euren Klassenraum stellen wollt.

5. Das Autorenkind entscheidet, ob es Musik einsetzen möchte.

6. Bereitet euch gut auf das Vortragen vor.

   Dazu einige Tipps:

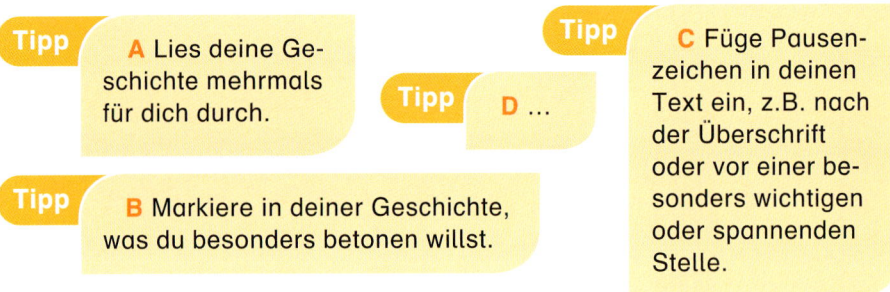

Tipp A Lies deine Geschichte mehrmals für dich durch.

Tipp B Markiere in deiner Geschichte, was du besonders betonen willst.

Tipp D …

Tipp C Füge Pausenzeichen in deinen Text ein, z.B. nach der Überschrift oder vor einer besonders wichtigen oder spannenden Stelle.

7. Ihr könnt vor dem Vortrag verabreden, ob ihr als Zuhörer auf eine Sache besonders achten wollt: Lesetempo, Pausen, deutliche Aussprache, Betonung, …

8. Denkt daran, dem Autorenkind für seinen Vortrag Applaus zu geben.

9. In einer Autorenstunde können bis zu drei Autorenkinder vortragen.

10. Ihr könnt eure Vorträge in anderen Klassen oder vor Eltern oder anderen Gästen wiederholen.

Geschichten-Tisch

Auf Geschichten-Tischen werden Geschichten der Kinder einer Klasse vorgestellt. Alle können wählen, wie sie ihre Geschichte zeigen.

Dazu einige Tipps:

Tipp Lass die Überschrift deiner Geschichte weg. Lege leere Papierstreifen dazu und bitte deine Leser eine Überschrift zu finden.

Tipp Male zu deiner Geschichte ein Bild. Bitte deine Leser zu sagen, was von der Geschichte auf deinem Bild zu sehen ist.

Tipp Schreibe wichtige Wörter aus deiner Geschichte auf Kärtchen. Schummle ein Wort darunter, das nicht hineingehört. Lass deine Leser herausfinden, welches.

Tipp Bring einen Gegenstand mit, der in deiner Geschichte besonders wichtig ist, und verstecke ihn in einem Beutel. Lass deine Leser fühlen, was der Gegenstand mit deiner Geschichte zu tun hat.

Tipp Bereite den „roten Faden" deiner Geschichte vor. Befestige an einem Faden ungeordnet Kärtchen mit den wichtigen Stellen der Handlung. Bitte deine Leser, die Kärtchen in die richtige Reihenfolge zu bringen.

1. Stellt eure Tische so um, dass ihr gut an ihnen vorbeigehen könnt.

2. Beim ersten Durchgang stellt die eine Hälfte der Klasse ihre Geschichten aus, beim zweiten Durchgang die andere.

3. Die Autorenkinder stehen an ihren Tischen.

4. Die anderen Kinder besuchen nacheinander die Geschichten-Tische, lesen die Geschichten und lösen die Leseaufgaben.

Bildwörterbuch Fremdsprachen
Deutsch · Englisch · Französisch · Türkisch

250

Wie du Wörter im Bildwörterbuch findest

Deutsche Wörter sind immer **schwarz** geschrieben.

Englische Wörter sind immer **grün** geschrieben.

Französische Wörter sind immer **blau** geschrieben.

Türkische Wörter sind immer **rot** geschrieben.

Beispiele:

der Fuchs
fox
le renard
tilki

die Schokolade
chocolate
le chocolat
çikolata

das Kleid
dress
la robe
elbise

Tipp

Du suchst das englische Wort für „Fuchs", „Schokolade" oder „Kleid".

Schaue zuerst im Inhaltsverzeichnis und überlege, wo das Wort stehen könnte.

Schlage nach und überprüfe deine Vermutung.

Wenn du die richtige Seite im Bildwörterbuch gefunden hast, kannst du zuerst nach dem deutschen Wort und dann nach seiner Übersetzung suchen.

In der Schule · At school · A l'école · Okulda

die Lehrerin
teacher
la maîtresse
öğretmen

der Schüler
pupil
l'élève
öğrenci

die Tafel
board
le tableau
yazı tahtası

der Tisch
table
la table
masa

der Stuhl
chair
la chaise
sandalye

der Computer
computer
l'ordinateur
bilgisayar

der Füller
pen
le stylo
dolma kalem

das Buch
book
le livre
kitap

das Heft
exercise book
le cahier
defter

der Pinsel
paint brush
le pinceau
fırça

der Klebstoff
glue
la colle
zamk

der Spitzer
sharpener
le taille-crayon
kalemtıraş

der Bleistift
pencil
le crayon
kurşunkalem

das Lineal
ruler
la règle
cetvel

die Schere
scissors
les ciseaux
makas

der Radier-gummi
rubber
la gomme
silgi

das Feder-mäppchen
pencil case
la trousse
kalem kutusu

die Schul-tasche
school bag
le cartable
okul çantası

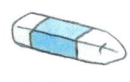

die Kreide
chalk
la craie
tebeşir

der Malkasten
paintbox
la boîte de couleurs
boya kutusu

Zu Hause · At home · A la maison · Evde

die Mutter
mother
la mère
anne

der Vater
father
le père
baba

der Bruder
brother
le frère
erkek kardeş

die Schwester
sister
la soeur
kız kardeş

der Großvater
grandfather
le grand-père
dede

die Großmutter
grandmother
la grand-mère
nine; anneanne

der Onkel
uncle
l'oncle
dayı

die Tante
aunt
la tante
teyze

das Haus
house
la maison
ev

das Fenster
window
la fenêtre
pencere

die Tür
door
la porte
kapı

die Lampe
lamp
la lampe
lamba

der Spiegel
mirror
le miroir
ayna

der Schrank
cupboard
le placard
dolap

das Bett
bed
le lit
yatak

das
Schlafzimmer
bedroom
la chambre à
coucher
yatak odası

die
Küche
kitchen
la cuisine
mutfak

das
Badezimmer
bathroom
la salle de bains
banyo odası

das
Wohnzimmer
living room
le salon
oturma odası

der
Fernseher
TV
la télé
televizyon

Tiere · Animals · Les animaux · Hayvanlar

die Katze
cat
le chat
kedi

der Hund
dog
le chien
köpek

der Hamster
hamster
l'hamster
dağfaresi

das Kaninchen
rabbit
le lapin
adatavşanı

die Maus
mouse
la souris
fare

die Schildkröte
tortoise
la tortue
kaplumbağa

der Fisch
fish
le poisson
balık

die Spinne
spider
l'araignée
örümcek

das Pferd
horse
le cheval
at

das Schaf
sheep
le mouton
koyun

die Kuh
cow
la vache
inek

das Schwein
pig
le cochon
domuz

der Vogel
bird
l'oiseau
kuş

die Ente
duck
le canard
ördek

das Huhn
chicken
la poule
tavuk

der Fuchs
fox
le renard
tilki

der Löwe
lion
le lion
aslan

der Tiger
tiger
le tigre
kaplan

der Bär
bear
l'ours
ayı

der Eisbär
polar bear
l'ours blanc
beyaz ayı

das Krokodil
crocodile
le crocodile
timsah

der Seehund
seal
le phoque
fok

der Pinguin
penguin
le pingouin
penguen

der Delfin
dolphin
le dauphin
yunusbalığı

der Affe
monkey
le singe
maymun

die Giraffe
giraffe
la girafe
zürafa

das Känguru
kangaroo
le kangourou
kanguru

das Kamel
camel
le chameau
deve

der Elefant
elephant
l'éléphant
fil

der Luchs
lynx
le lynx
vaşak

die Schlange
snake
le serpent
yılan

der Dinosaurier
dinosaur
le dinosaure
dinozor

Mein Körper · My body · Mon corps · Benim vücudum

der Kopf
head
la tête
kafa

die Schulter
shoulder
l'épaule
omuz

der Arm
arm
le bras
kol

der Bauch
stomach
le ventre
karın

die Hand
hand
la main
el

das Knie
knee
le genou
diz

der Zeh
toe
l'orteil
ayak parmağı

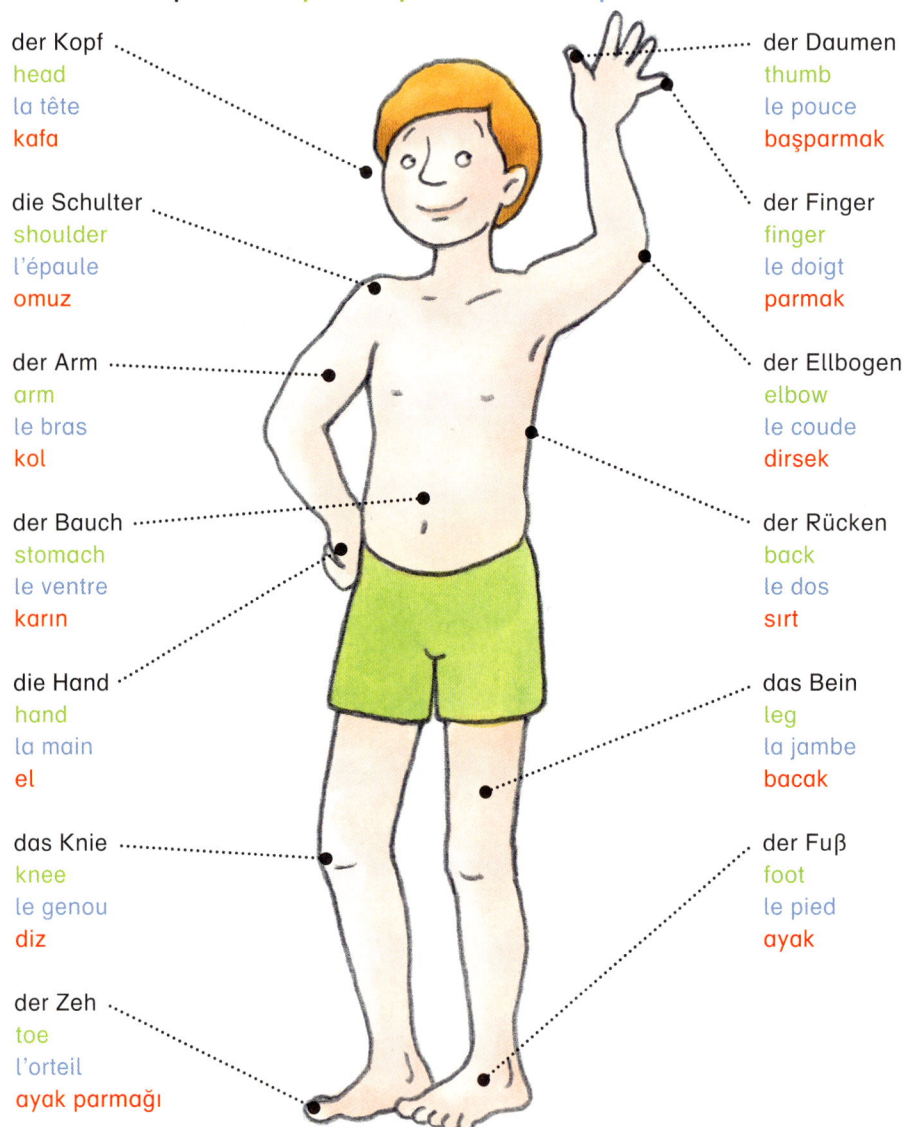

der Daumen
thumb
le pouce
başparmak

der Finger
finger
le doigt
parmak

der Ellbogen
elbow
le coude
dirsek

der Rücken
back
le dos
sırt

das Bein
leg
la jambe
bacak

der Fuß
foot
le pied
ayak

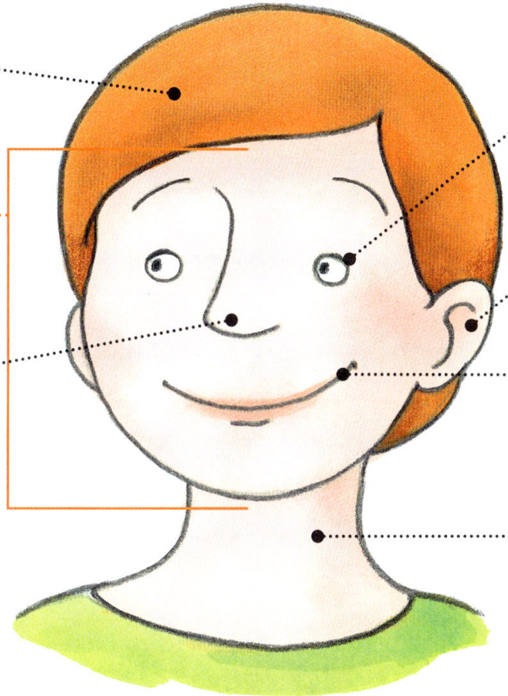

die Haare
hair
les cheveux
saçlar

das Gesicht
face
le visage
yüz

die Nase
nose
le nez
burun

das Auge
eye
l'oeil
göz

das Ohr
ear
l'oreil
kulak

der Mund
mouth
la bouche
ağız

der Hals
neck
le cou
boyun

die Lippen
lips
les lèvres
dudak

die Zähne
teeth
les dents
dişler

die Zunge
tongue
la langue
dil

259

Kleidung · Clothes · Les vêtements · Giyim

die Hose
trousers
le pantalon
pantolon

das Sweatshirt
sweatshirt
le sweat-shirt
kazak

die Schuhe
shoes
les chaussures
ayakkapı

die Jacke
jacket
la veste
ceket

die Kappe
cap
la casquette
başlık

das T-Shirt
T-shirt
le T-shirt
tişört

das Kleid
dress
la robe
elbise

die Jeans
jeans
le jeans
blucin

der Mantel
coat
le manteau
palto

der Pullover
pullover
le pullover
kazak

der Schal
scarf
l'écharpe
şal

der Rock
skirt
la jupe
etek

die Socken
socks
les chaussettes
çorap

die Handschuhe
gloves
les gants
eldiven

die Shorts
shorts
le short
şort

der Schlafanzug
pyjamas
le pyjama
pijama

die Stiefel
boots
les bottes
çizme

der Bikini
bikini
le bikini
bikini

der Badeanzug
swimsuit
le maillot de bain
mayo

die Badehose
swimming trunks
le maillot de bain
mayo

Farben · Colours · Les couleurs · Renkler

rot
red
rouge
kırmızı

blau
blue
bleu
mavi

grün
green
vert
yeşil

gelb
yellow
jaune
sarı

weiß
white
blanc
beyaz

schwarz
black
noir
siyah

lila
purple
violet
mor

braun
brown
marron
kahverengi

pink
pink
rose
pembe

grau
grey
gris
gri

orange
orange
orange
turuncu

ocker
ochre
ocre
okra

türkis
turquoise
turquoise
turkuaz

beige
beige
beige
bej

bunt
coloured
multicolore
karışık renkli

hellblau
light blue
bleu clair
açık mavi

dunkelblau
dark blue
bleu foncé
lâcivert

gepunktet
spotted
pointé
noktalı

gestreift
striped
rayé
çizgili

kariert
checked
quadrillé
kareli

Lebensmittel · Food · Les aliments · Yiyecekler

die Banane
banana
la banane
muz

der Apfel
apple
la pomme
elma

die Apfelsine
orange
l'orange
portakal

die Erdbeere
strawberry
la fraise
çilek

die Birne
pear
la poire
armut

die Ananas
pineapple
l'ananas
ananas

das Obst
fruit
les fruits
meyve

die Möhre
carrot
la carotte
havuç

die Tomate
tomato
le tomate
domates

die Kartoffel
potato
la pomme de terre
patates

die Gurke
cucumber
le concombre
salatalık

das Gemüse
vegetables
les légumes
sebze

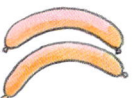

die Würstchen
sausages
les saucisses
sosis

der Käse
cheese
le fromage
peynir

das Ei
egg
l'oeuf
yumurta

das Brot
bread
le pain
ekmek

die Milch
milk
le lait
süt

der Obstsaft
fruit juice
le jus de fruit
meyve suyu

der Joghurt
yoghurt
le yaourt
yoğurt

die Schokolade
chocolate
le chocolat
çikolata

263

Zahlen · Numbers · Les nombres · Sayılar

0
null
zero
zero
sıfır

1
eins
one
un
bir

2
zwei
two
deux
iki

3
drei
three
trois
üç

4
vier
four
quatre
dört

5
fünf
five
cinq
beş

6
sechs
six
six
altı

7
sieben
seven
sept
yedi

8
acht
eight
huit
sekiz

9
neun
nine
neuf
dokuz

10
zehn
ten
dix
on

11
elf
eleven
onze
on bir

12
zwölf
twelve
douze
on iki

13
dreizehn
thirteen
treize
on üç

14
vierzehn
fourteen
quatorze
on dört

20
zwanzig
twenty
vingt
yirmi

21
einundzwanzig
twenty-one
vingt et un
yirmi bir

100
hundert
hundred
cent
yüz

1000
tausend
thousand
mille
bin

1000000
eine Million
million
millions
bir milyon

Jahreszeiten · Seasons · Les saisons · Mevsimler

der Winter
winter
l'hiver
kış

der Frühling
spring
le printemps
ilkbahar

Februar
February
février
şubat

März
March
mars
mart

Januar
January
janvier
ocak

April
April
avril
nisan

Dezember
December
décembre
aralık

Mai
May
mai
mayıs

November
November
novembre
kasım

Juni
June
juin
haziran

Oktober
October
octobre
ekim

Juli
July
juillet
temmuz

September
September
septembre
eylül

August
August
août
ağustos

der Herbst
autumn
l'automne
sonbahar

der Sommer
summer
l'été
yaz

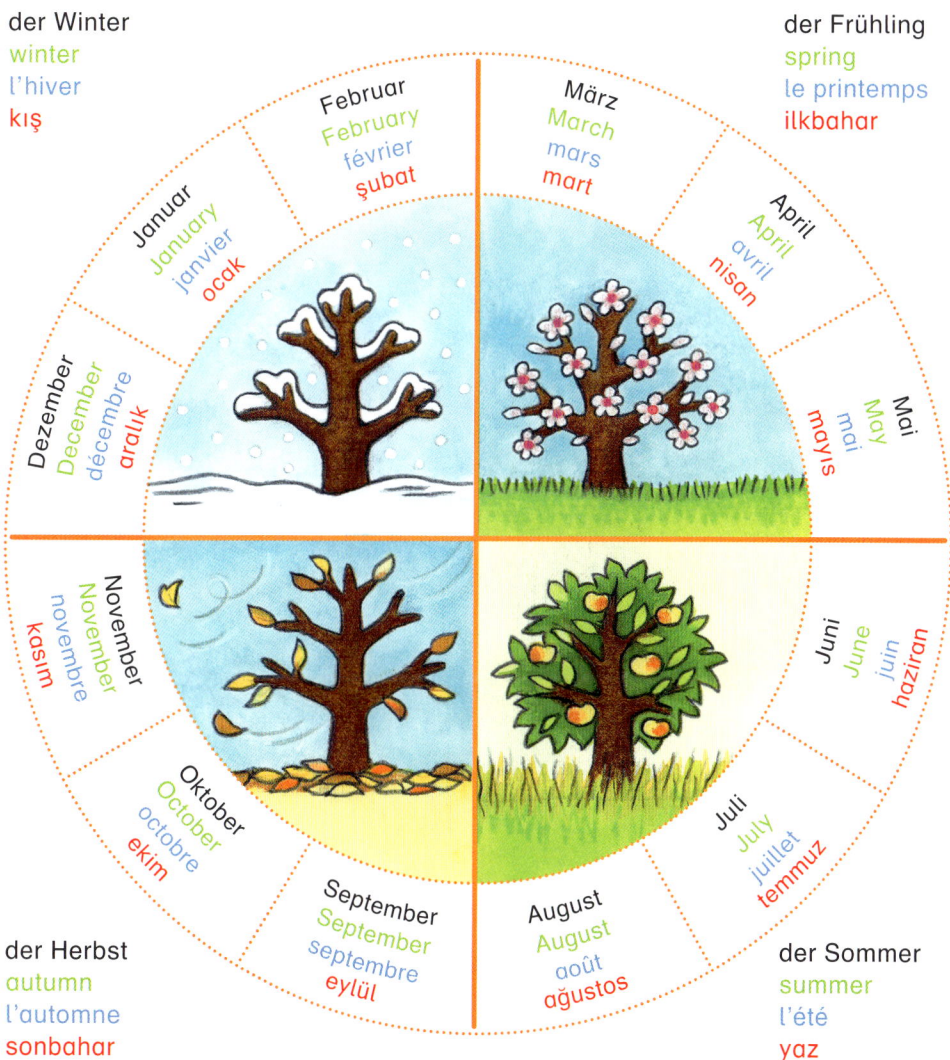

Wochentage · Days of the week · Les jours de la semaine · Haftanın günleri

1
Montag
Monday
lundi
pazartesi

2
Dienstag
Tuesday
mardi
salı

3
Mittwoch
Wednesday
mercredi
çarşamba

4
Donnerstag
Thursday
jeudi
perşembe

5
Freitag
Friday
vendredi
cuma

6
Samstag
Saturday
samedi
cumartesi

7
Sonntag
Sunday
dimanche
pazar

Zeit · Time · L'heure · Zaman

der Morgen	der Mittag	der Nachmittag	der Abend	die Nacht
morning	noon	afternoon	evening	night
le matin	le midi	l'après-midi	le soir	la nuit
sabah	öğlen	öğleden sonra	akşam	gece

ein Uhr
one o'clock
une heure
saat bir

viertel nach zwei
a quarter past two
deux heures et quart
ikiyi çeyrek geçiyor

halb drei
half past two
deux heures et demie
iki buçuk

viertel vor fünf
a quarter to five
cinq heures moins le quart
beşe çeyrek var

viertel nach sechs
a quarter past six
six heures et quart
altıyı çeyrek geçiyor

halb neun
half past eight
huit heures et demie
sekiz buçuk

neun Uhr
nine o'clock
neuf heures
saat dokuz

viertel vor zwölf
a quarter to twelve
midi / minuit moins le quart
onikiye çeyrek var

zwölf Uhr
twelve o'clock
midi / minuit
saat oniki

267

Interessen · Interests · Les intérêts · Ilgi alanı

Fußball spielen
playing football
jouer au football
futbol

Spielen
playing games
jouer
oynamak

Lesen
reading
lire
okumak

Tanzen
dancing
danser
dans etmek

Schwimmen
swimming
nager
yüzmek

Radfahren
riding a bike
faire du vélo
bisiklete binmek

Reiten
riding a horse
faire du cheval
ata binmek

Eislaufen
skating
faire du patin à glace
paten yapmak

Kochen
cooking
cuisiner
pişirmek

Malen
painting
peindre
boyamak

Freunde treffen
meeting friends
rencontrer des amis
arkadaşlarlan buluşmak

Shoppen
shopping
faire les magasins
alışveriş

Computerspiele
playing computer games
jouer des jeux vidéo
bilgisayar oyunları

Fernsehen
watching TV
regarder la télévision
televizyon izlemek

Musik hören
listening to music
écouter à la musique
müzik dinlemek

Gitarre spielen
playing guitar
jouer de la guitare
gitar çalmak

Auf der Straße · In the street · Dans la rue · Sokakta

die Straße
street
la rue
sokak

das Auto
car
la voiture
araba

das Fahrrad
bike
le vélo
bisiklet

der Zug
train
le train
tren

die Kirche
church
l'église
kilise

der Bus
bus
l'autobus
otobüs

das Kino
cinema
le cinéma
sinema

der Bahnhof
station
la gare
istasyon

das Motorrad
motorbike
le motocycle
motosiklet

das Taxi
taxi
le taxi
taksi

der Krankenwagen
ambulance
l'ambulance
ambülans

der LKW
lorry
le camion
kamyon

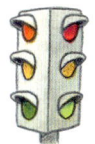

die Ampel
traffic lights
le feu
trafik lâmbası

die Bushaltestelle
bus stop
l'arrêt d'autobus
otobüs durağı

der Spielplatz
playground
le terrain de jeux
oyun parkı

die Bank
bench
le banc
bank

271

Wortart Verb

1. Was tun die Menschen und Tiere? Schreibe die Sätze mit passenden Verben auf. Markiere die Verben farbig.

Der kleine Hund ▒▒▒▒ laut.

Morgens ▒▒▒▒ die Kinder in die Schule.

Draußen ▒▒▒▒ es.

Wir ▒▒▒▒ heute meinen Geburtstag.

Der Vogel ▒▒▒▒ über den Garten meiner Großeltern.

Die Frau ▒▒▒▒ im See.

Alle ▒▒▒▒ das verlorene Geld.

> Verben beschreiben, was getan wird oder passiert.

2. Lege dir diese Tabelle an. Schreibe in jede Spalte weitere Verben im Infinitiv. Tausche dich mit einem anderen Kind aus und ergänze.

-en	-ern	-eln
schwimmen	wandern	paddeln
spielen	…	…
turnen		
…		

> Für die erste Spalte wirst du die meisten Verben finden.

> Verben enden im Infinitiv mit -en, -ern oder -eln.

3. Schreibe alle Personalformen des Verbs malen auf. Markiere die
Pronomen und die Endbausteine farbig.

malen

ich	male	es	malt
du	malst	wir	malen
er	malt	ihr	malt
sie	malt	sie	malen

4. kaufen Bilde zu diesem Verb die Personalformen.

Schreibe auf und markiere.

Verben werden in verschiedenen Personalformen gebraucht.

5. Schreibe die Sätze in der passenden Zeitform auf.

suche • werde suchen • suchte

Gestern _____ ich nach meinem Teddybär.

Heute _____ ich meine Armbanduhr.

Morgen _____ ich wohl meinen Kopf _____ .

wird fahren • fuhr • fährt

Gestern _____ meine Mama mich zur Schule.

Heute _____ mein Papa mich.

Morgen _____ wieder meine Mama _____ .

Hier ändert
sich der Wortstamm
des Verbs. Weitere
unregelmäßige Verben
findest du ab
S. 242.

Verben werden in verschiedenen Zeitformen gebraucht.

Wortart Nomen

1. Welche Namen gibt es für Menschen, Tiere, Pflanzen, …?
Lege dir diese Tabelle an. Schreibe in jede Spalte weitere Nomen.

Menschen	Tiere	Pflanzen
die Frau	der Elefant	die Tulpe
der Koch	das Schwein	das Gras
der Freund	die Fliege	der Salat
…	…	…
Dinge	**Gefühle/Gedanken**	**Ereignisse**
das Telefon	die Liebe	der Autounfall
der Stift	der Neid	die Feier
die Schachtel	die Idee	der Spaziergang
…	…	…

> Nomen sind Namen für Menschen, Tiere, Pflanzen, Dinge,
> Gefühle/Gedanken, Ereignisse, …

2. Vergleiche die Bedeutung der beiden Sätze:

- Ich habe **die** Lehrerin auf dem Gang getroffen.
- Ich habe **eine** Lehrerin auf dem Gang getroffen.

Ordne die Aussagen dem passenden Satz zu und besprich
dich mit einem anderen Kind:

Es war meine
Lehrerin auf dem
Gang.

Es war irgendeine
Lehrerin auf dem
Gang.

bestimmte Artikel	unbestimmte Artikel
der die das	**ein eine**

3. Schreibe zu jedem der folgenden Nomen zwei Sätze:

Heft • Hund • Mama • Blume • Fußball

- einmal mit dem bestimmten Artikel, um es genau zu sagen,
- einmal mit dem unbestimmten Artikel, um es allgemeiner zu sagen.

> Jedes Nomen hat einen bestimmten und einen unbestimmten Artikel.

ein Vogel   eine Gurke   ein Heft

Diese Wörter stehen im Singular.

viele Vögel   viele Gurken   viele Hefte

Diese Wörter stehen im Plural.

4. Falte ein Blatt in der Mitte. Schreibe auf die linke Seite 15 Nomen, die dir einfallen. Schreibe auf die rechte Seite jeweils den Plural dazu. Kontrolliere mit dem Findefix.

> Nomen werden im Singular und Plural gebraucht.

5. Bilde mit den Wörtern **Lehrer**, **Katze** und **Heft** jeweils vier Sätze wie es im Beispiel mit dem Wort Hund gemacht wurde.

1. Fall Wer oder was?	Nominativ	**Der Hund** bellt. 
2. Fall Wessen?	Genitiv	Der Knochen **des Hundes** ist weg.
3. Fall Wem?	Dativ	Der gelbe Ball gehört **dem Hund**.
4. Fall Wen oder was?	Akkusativ	Mia ruft **den Hund**. 

Nomen werden in den vier Fällen gebraucht.

Wortart Adjektiv

1. Wie sind die Menschen, Tiere und Dinge? Schreibe mit passenden Adjektiven auf. Markiere die Adjektive farbig.

der _____ Clown

die _____ Blume

die _____ Schüler

die _____ Katze

der _____ Stuhl

Mit Adjektiven kann man Eigenschaften benennen.

2. Überlege dir passende Adjektive, um die Bilder einer Reihe zu vergleichen. Suche die Adjektive im Findefix und schreibe sie in eine Tabelle.

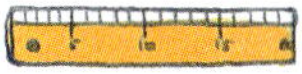

| lang | länger | am längsten |

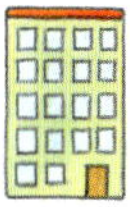

Grundform	1. Vergleichsstufe	2. Vergleichsstufe
lang	länger	am längsten

3. Ergänze die Tabelle mit weiteren Adjektiven und deren Vergleichsformen. Markiere die Gemeinsamkeiten in der 1. und in der 2. Vergleichsstufe farbig und tausche dich mit einem anderen Kind aus.

Manchmal ändert sich der Wortstamm, z.B. alt – älter.

Mit Adjektiven kann man vergleichen.

Wortart Pronomen

1. Setze in die Lücken die passenden Pronomen ein. Schreibe auf.

ich du er sie es wir ihr sie

Oma geht zur Arbeit. Morgens muss ____ sich beeilen.

Leonie und Kilian sind im Garten. ____ spielen Verstecken.

Mein Name ist Valerie. ____ bin acht Jahre alt.

Das Kätzchen miaut. ____ hat bestimmt Hunger.

Pronomen brauchst du zum Texte überarbeiten. Siehe Seite 237.

Pronomen können Nomen ersetzen.

2. Schreibe zu den Pronomen **du**, **er** und **wir** jeweils vier Sätze wie es im Beispiel mit dem Wort ich gemacht wurde.

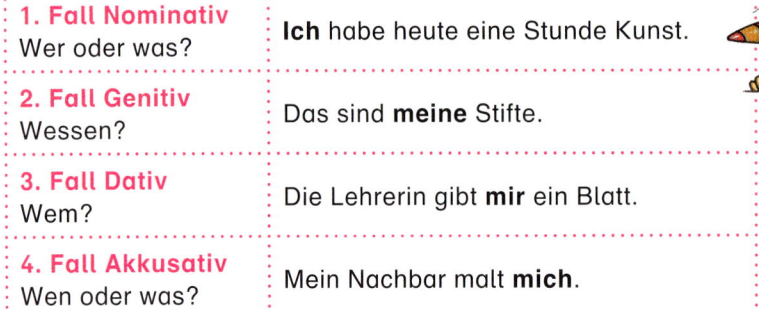

1. Fall Nominativ Wer oder was?	**Ich** habe heute eine Stunde Kunst.
2. Fall Genitiv Wessen?	Das sind **meine** Stifte.
3. Fall Dativ Wem?	Die Lehrerin gibt **mir** ein Blatt.
4. Fall Akkusativ Wen oder was?	Mein Nachbar malt **mich**.

Pronomen werden in den vier Fällen gebraucht.

Zusammengesetzte Wörter

der <u>Suppen</u> teller   der <u>Kuchen</u> teller   der <u>Obst</u> teller

Bestimmungswort Grundwort

> Zusammen-
> gesetzte Wörter
> helfen mir, etwas
> genauer zu be-
> schreiben.

> Das Bestimmungswort beschreibt das Nomen genauer. Das Grundwort entscheidet über den Artikel des zusammengesetzten Wortes.

1. Schreibe folgende zusammengesetzte Nomen mit Artikel auf.

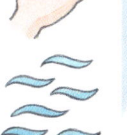

> Manchmal
> verändert sich das
> Bestimmungswort
> am Ende.

2. Setze zu neuen Nomen zusammen. Schreibe mit Artikel auf und markiere das Grundwort farbig.

turnen +    kühl +   lesen +    bunt +

> Zusammengesetzte Nomen können auch aus Verb + Nomen oder Adjektiv + Nomen bestehen.

Satzarten

Wann hast du heute Schulschluss

Toll, wie hell unser Klassenzimmer ist

Ich gehe gern zur Schule

Es werden drei Satzarten mit unterschiedlichen Zeichen am Ende des Satzes unterschieden: Aussagesatz **.**   Fragesatz **?**   Ausrufesatz **!**

1. Lies die Sätze oben. Überlege, welche Satzzeichen an das Ende der Sätze gehören. Schreibe die Sätze mit Satzzeichen auf.

2. Lies die folgenden Sätze halblaut.

Warum findest du das Buch spannend

Bring mir bitte meine CD zurück

Verliere den Schlüssel nicht

Ich esse lieber Gummibärchen

Endlich sind Ferien

Das hätte ich nicht gedacht

Kennst du schon meinen neuen Lieblingsfilm

Wann ist der nächste Ausflug

3. Tausche dich mit einem anderen Kind Satz für Satz aus. Versuche, die Sätze so zu lesen, dass man die Satzart heraushören kann.

4. Schreibe alle Sätze auf. Setze das passende Satzzeichen am Ende.

5. Denke dir zu jeder Satzart zwei Beispielsätze aus. Du kannst sie auch in deinen Texten suchen.

6. Lies den Text halblaut und mache eine Pause, wenn du das Ende eines
Satzes vermutest. Überlege, welches Zeichen am Ende des Satzes
stehen muss.

> MEHMET UND LUISE HABEN BEIM AUSFLUG
> EIN LEERES NEST IM WALD GEFUNDEN SIE
> UNTERSUCHEN ES NÄHER WELCHER
> VOGEL HAT WOHL DARIN GEBRÜTET WAS
> IST MIT DEN JUNGEN GESCHEHEN SIE
> ZEIGEN DAS NEST IHRER LEHRERIN SIE
> SCHLÄGT VOR DEN FÖRSTER ZU FRAGEN
> DAS IST WIRKLICH EINE GUTE IDEE

7. Tausche dich mit einem anderen Kind Satz für Satz aus. Versuche,
die Sätze so zu lesen, dass man die Satzart heraushören kann.

8. Schreibe den Text in richtiger Schreibweise
mit Satzzeichen auf. Markiere die Satzzeichen
am Satzende und die Großschreibung am
Satzanfang farbig.

Wörtliche Rede

Die Reporterin fragt:
„Wie viele Schülerinnen und Schüler besuchen diese Schule?"

Die wörtliche Rede steht häufig zusammen mit einem Begleitsatz.

_____ : „ ~~~~~~~~~~~~~ ?"

Begleitsatz   wörtliche Rede

Mein Hamster muss zum Tierarzt.

Wann hat die Tierärztin Sprechstunde?

Hoffentlich hat er nichts Schlimmes!

1. Ergänze die wörtliche Rede in den Sprechblasen mit passenden Begleitsätzen. Verwende als Muster:

_____ : „ ~~~~~~~~~ ."
_____ : „ ~~~~~~~~~ !"
_____ : „ ~~~~~~~~~ ?"

Schreibe die Sätze auf, setze die richtigen Satzzeichen und markiere sie farbig.

2. Ergänze jeden Begleitsatz mit einer passenden wörtlichen Rede. Verwende die Muster wie in Aufgabe 1. Setze die richtigen Satzzeichen und markiere sie farbig.

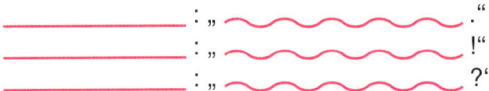

Die Verkäuferin fragt • Opa erzählt • Die Sportlehrerin erklärt

3. Denke dir je einen Satz nach den Mustern in Aufgabe 1 aus und schreibe sie mit richtiger Zeichensetzung auf. Markiere alle Satzzeichen farbig.

„Mein Lieblingsplatz ist das Hochbett", verrät Sonja.

Manchmal steht der Begleitsatz nach der wörtlichen Rede.

„ ～～～～～ " ＿＿＿＿＿.

   wörtliche Rede   Begleitsatz

Bei vielen Kindern sind
Höhlen beliebt.

Am schönsten
sind geheime
Lieblingsplätze.

4. Ergänze die wörtliche Rede in den Sprech-
blasen mit passenden Begleitsätzen. Verwende
das Muster „ ～～～～ ", ＿＿＿＿＿.

Alle
Kinder haben
Lieblingsplätze.

Schreibe auf, setze die richtigen Satzzeichen
und markiere sie farbig. Achte auf das Komma
zwischen wörtlicher Rede und Begleitsatz.

5. Denke dir einen Satz nach diesem Muster aus und schreibe ihn mit
richtiger Zeichensetzung auf. Markiere alle Satzzeichen farbig.

„Wie lange hast du an diesem Bild gemalt?", fragt Moritz. …

„Das ist aber nicht lange!", staunt er.

Hier besteht die wörtliche Rede aus einem Fragesatz bzw. einem Aus-
rufesatz. Achte auf das Komma zwischen wörtlicher Rede und Begleitsatz.

„ ～～～～～ ?", ＿＿＿＿＿.

„ ～～～～～ !", ＿＿＿＿＿.

6. Denke dir zu jedem der beiden Muster einen Satz aus. Beachte das Komma
zwischen wörtlicher Rede und Begleitsatz auch hier. Markiere alle Satz-
zeichen farbig.

Satzglieder

Wir	gehen		mit der Klasse		in den Zirkus.
Mit der Klasse		gehen	wir		in den Zirkus.
In den Zirkus		gehen	wir		mit der Klasse.
Gehen wir			mit der Klasse		in den Zirkus?

> **Die Teile des Satzes, die man verschieben kann, nennt man Satzglieder.**
> **Sie können aus einem Wort oder aus mehreren Wörtern bestehen.**

1. Bilde aus den folgenden Satzgliedern die Sätze, die möglich sind, und schreibe sie in richtiger Schreibweise auf. Umrahme die Satzglieder.

   KOMMT   HEUTE   IN UNSERE STADT   EIN ZIRKUSWAGEN

2. Schreibe die Sätze auf. Stelle die Satzglieder jedes Satzes um. Schreibe alle Möglichkeiten auf. Umrahme die einzelnen Satzglieder wie oben.

   > Die Clowns stolperten über ein Hindernis.
   > Atemlos beobachteten die Zuschauer die Seiltänzerin.
   > Am Ende der Vorstellung klatschte das Publikum.

3. Schreibe hinter jeden Satz von Aufgabe 2, wie viele Satzglieder du herausgefunden hast. Vergleiche dein Ergebnis mit einem anderen Kind.

4. Suche in deinen Texten Aussagesätze und erprobe das Umstellen. Ein Tipp: Nicht jede Satzstellung ist sinnvoll. Wenn du dir unsicher bist, lies den Satz halblaut.

> Mit dem Umstellen von Satzgliedern kannst du deine Texte verbessern. Sie können so spannender oder abwechslungsreicher werden.

Satzglied: Prädikat

Im Sommer	**öffnet**	der Zoo	um 9.00 Uhr.
Der Zoo	**öffnet**	im Sommer	um 9.00 Uhr.
Um 9.00 Uhr	**öffnet**	der Zoo	im Sommer.

> In Aussagesätzen bleibt ein Satzglied immer an der 2. Stelle.
> Es heißt **Prädikat**. Es ist immer ein Verb.

1. Finde passende Prädikate und schreibe die Sätze auf.
Umrahme die Satzglieder. Markiere das Prädikat farbig.

Viele Besucher ▰▰▰ in den Zoo.

Die Eisbärin ▰▰▰ mit ihrem Kind.

Du ▰▰▰ das neugeborene Löwenbaby.

2. Denke dir unterschiedliche passende Prädikate aus und bilde damit Sätze.
Schreibe sie auf und markiere die Prädikate farbig.

DIE TIERPFLEGERIN   DIE AFFEN   IM FREIGEHEGE   …

3. Tausche deine Sätze aus Aufgabe 2 mit einem anderen Kind aus und
vergleiche.

4. Bilde Sätze mit den Verben unten zum Thema „Zoo" und schreibe sie auf.
Verwende Prädikate in unterschiedlichen Personalformen,
z.B.: ich finde, du beobachtest, wir bringen, …

finden • beobachten • pflegen • säubern • füttern • bringen • streicheln

Satzglied: Subjekt

Nachts schleicht die Katze durch den Wald.

Durch den Wald schleicht nachts ein Indianer.

Wölfe schleichen nachts durch den Wald.

Das Subjekt eines Satzes finde ich mit der Wer-oder-Was-Frage.

1. Stelle die Wer-oder-Was-Frage zu jedem Satz oben.
Schreibe sie mit Antwort auf.

2. Vergleiche mit einem anderen Kind.

3. Vervollständige jeden Satz unten mit einem Subjekt.
Schreibe die Sätze auf und markiere die Subjekte.

Nachts funkeln _____ am Himmel.

_____ freuen sich auf die Ferien.

Im Schwimmbad steht _____ .

4. Lies einem anderen Kind einen Satz aus Aufgabe 3 vor. Bitte es, das Subjekt
des Satzes mithilfe der Wer-oder-Was-Frage zu finden.

5. Schreibe mit einem anderen Kind einen Satz mit mehreren Satzgliedern auf.
Stellt die Wer-oder-Was-Frage und markiert das Subjekt.

Satzglied: Akkusativobjekt

Die Trainerin lobt die Mannschaft.

Der Stürmer schießt ein Tor.

Der Tennisspieler sucht den Ball.

Das **Akkusativobjekt** finde ich mit der Wen-oder-Was-Frage.

1. Stelle die Wen- oder Was-Frage zu jedem Satz oben.
   Schreibe sie mit Antwort auf.

2. Vergleiche mit einem anderen Kind.

3. Beantworte jede Frage mit einem vollständigen Satz. Schreibe ihn auf.
   Markiere jedes Akkusativobjekt.

Wen oder was schleudert Michael?

Wen oder was sieht Judith auf der Straße?

4. Vergleiche mit einem anderen Kind.

5. Ergänze in jedem Satz ein Akkusativobjekt. Schreibe die Sätze auf und
   markiere das Akkusativobjekt. Kontrolliere mit der Wen-oder-Was-Frage.

Tina schreibt _____ am Tisch.

Mutter liest _____ .

In der Küche kocht ihr Vater _____ .

6. Vergleiche mit einem anderen Kind.

Satzglied: Dativobjekt

Das Mädchen glaubte dem Jäger.

Der Hahn stieg der Katze auf den Rücken.

Der Spiegel antwortete der Königin.

Das **Dativobjekt** finde ich mit der Wem-Frage.

1. Stelle die Wem-Frage zu jedem Satz oben. Schreibe sie mit Antwort auf.

2. Vergleiche mit einem anderen Kind.

3. Vervollständige jeden Satz mit einem Dativobjekt. Schreibe die Sätze auf.

Die Zwerge helfen   .

Die Kinder folgen   .

Am Ende dankt der König   .

4. Lies einem anderen Kind einen Satz aus Aufgabe 3 vor. Bitte es, das Dativobjekt des Satzes mithilfe der Wem-Frage zu finden.

5. Bilde mit den Verben Sätze. Schreibe sie auf. Kontrolliere mit der Wem-Frage und markiere jedes Dativobjekt.

begegnen • zeigen • geben • gratulieren • gelingen • gehören

6. Vergleiche mit einem anderen Kind.